Le manifeste de l'auto-édition

Manifeste politico-littéraire pour la reconnaissance des écrivains indépendants et une saine concurrence entre les différentes formes d'édition

Table page 152

Du même auteur*

Certaines œuvres sont connues sous différents titres.

Romans

La Faute à Souchon : (Le roman du show-biz et de la sagesse)
Quand les familles sans toit sont entrées dans les maisons fermées
Liberté j'ignorais tant de Toi (Libertés d'avant l'an 2000)
Viré, viré, viré, même viré du Rmi !
Ils ne sont pas intervenus (Peut-être un roman autobiographique)

Théâtre

Neuf femmes et la star
Les secrets de maître Pierre, notaire de campagne
Ça magouille aux assurances
Chanteur, écrivain : même cirque
Deux sœurs et un contrôle fiscal
Amour, sud et chansons
Pourquoi est-il venu :
Aventures d'écrivains régionaux
Avant les élections présidentielles
Scènes de campagne, scènes du Quercy
Blaise Pascal serait webmaster
Trois femmes et un Amour
J'avais 25 ans
« Révélations » sur « les apparitions d'Astaffort » Jacques Brel / Francis Cabrel

Théâtre pour troupes d'enfants

La fille aux 200 doudous
Les filles en profitent
Révélations sur la disparition du père Noël
Le lion l'autruche et le renard,
Mertilou prépare l'été
Nous n'irons plus au restaurant

* extrait du catalogue, voir page 151

Stéphane Ternoise

Le manifeste de l'auto-édition

Manifeste politico-littéraire pour la reconnaissance des
écrivains indépendants et une saine concurrence entre les
différentes formes d'édition

2 octobre 2013

Jean-Luc PETIT Editeur / livrepapier.com

Stéphane Ternoise
versant
auto-édition :

http://www.auto-edition.com

Tout simplement et logiquement !

Site officiel : http://www.ecrivain.pro

Stéphane Ternoise

Le manifeste de l'auto-édition

Manifeste politico-littéraire pour la reconnaissance des
écrivains indépendants et une saine concurrence entre les
différentes formes d'édition

http://www.auto-edition.pro

Lectrice, lecteur : pour tout envoi de
remarques pertinentes (erreurs, fautes), via
la page de contact du site
http://www.auto-edition.pro, je vous
offrirai en remerciement un ebook (vous
pouvez le choisir dans le catalogue des
livres publiés).

Une table du contenu est proposée page
136.

ISBN 978-2-36541-430-3
EAN 9782365414302

Jean-Luc PETIT Editeur - collection Essais

Le manifeste de l'auto-édition

La nécessité historique d'un manifeste de l'auto-édition

(Présentation sur les plateformes de vente)

Face aux pouvoirs : des écrivains, qui souhaitent "simplement" vivre de leur plume, vivre du fruit de leur travail, même modestement, sans devoir accepter compromissions, soumissions, exploitations, 90% de commissions.
Le manifeste s'impose quand des installés comprennent qu'il existe désormais "un autre possible" mais qu'ils essayent de bloquer toutes les voies d'accès à cette "utopie", pour maintenir leurs privilèges, leur situation, leur pouvoir, leur gloire. Dans le cas présent, les éditeurs sont / font la littérature !

Oui, aujourd'hui, l'auto-édition, grâce à la révolution numérique, peut réussir : les écrivains peuvent se libérer d'un système qui les a maintenus sous dépendance durant deux siècles en leur confisquant 90% des revenus de leurs œuvres, en exigeant des remerciements pour 10% de droits d'auteur (moyenne).

Les manifestes ont toujours jailli quand une minorité osait proclamer : "autrement c'est possible." En politique, Karl Marx souhaita la disparition de l'Etat bourgeois, le dadaïsme revendiqua le culte de la liberté... Naturellement, à vouloir changer le monde, on s'enferre parfois dans une impasse... D'où la nécessité d'aborder le manifeste avec retenue et réalisme. D'où, dans cet essai, une analyse précise de la situation de l'édition en France.

9

Tout manifeste artistique imbrique de plus en plus étroitement la politique car les élus permettent aux pouvoirs installés de se maintenir (exemple récent, le soutien de notre pourtant consœur Aurélie Filippetti aux éditeurs traditionnels) en leur accordant des lois et des subventions.

En l'an 2000, au lancement du portail http://www.auto-edition.com, j'écrivais "*l'auto-édition est l'avenir de l'édition*". Mais le contrôle de la distribution du livre papier, par des structures fermées aux indépendants, donc leur quasi absence des points de vente, condamnait encore cette "alternative" à la marginalité. L'histoire de l'auto-édition était néanmoins en marche.

Partout où l'ebook se vend, l'auteur-éditeur doit être présent. Mais ce n'est pas suffisant : il s'agit d'obtenir une concurrence loyale, juste et équitable, entre l'édition classique et l'édition vraiment indépendante.

Ce manifeste marque une étape dans l'historique combat des écrivains pour leurs droits. Il puise ses racines chez Victor Hugo, Emile Zola (« *La propriété littéraire est la plus légitime de toutes* »), Flaubert, Balzac, Céline...

Oui, ce qui fut confisqué aux écrivains, ils doivent tout mettre en œuvre pour le récupérer, un combat forcément impopulaire : les chroniqueurs liés aux éditeurs par de juteux contrats pourraient préférer s'y opposer. Donc nous ignorer. Nous le savons. Mais pour que demain soit réellement différent, une minorité doit oser se lever. Debout, les écrivains... *Serait-il impossible de vivre debout*, chantait Jacques Brel...

Stéphane Ternoise
Septembre 2012

I

De la nécessite d'un manifeste

- Ce pays bouge, enfin. Comme l'écrivait Aurélie Filippetti, avant

- Aucune leçon de qualité à recevoir des éditeurs classiques

- Qu'est-ce qu'un manifeste, historiquement

- Des mots contre l'auto-édition : la confrontation a déjà débuté

- Le manifeste : écrit trop extrémiste dans une démocratie, même littéraire ?

Ce pays bouge, enfin. Comme l'écrivait Aurélie Filippetti, avant

« *On est en train de préparer quelque chose, autre chose. Ce pays bouge, enfin. Ce que tu as vu, c'est la révolution qui commence ! »*
Fragments D'humanité (vent de mai)
Aurélie Filippetti

Si j'ai bien suivi (*les derniers jours de la classe ouvrière* reprend ce thème avec par exemple : « *voilà ce qui fait peur, parce que nous sommes le nombre, nous sommes la force, et eux ils sont la minorité qui nous exploite* ») il s'agit de la vie de ses parents... quant à la nouvelle ministre, elle semble de l'autre côté, chez les installés.

« *Les éditeurs sont des acteurs indispensables de cette politique* [sa feuille de route politique au ministère de la culture] *(...) Tous les textes ne sont pas des livres et c'est précisément à l'éditeur que revient de faire le partage ; c'est lui, qui, devant la multitude des textes, doit porter la responsabilité de savoir dire non, quitte à, parfois, commettre une erreur...*
Il n'y a pas de livre sans éditeur ; l'éditeur distingue la création, puis il l'accompagne, il la promeut, il la publie ; il favorise sa circulation. »
Aurélie Filippetti, 28 juin 2012, Assemblée générale du SNE, le Syndicat national de l'édition.

« *Tous les textes ne sont pas des livres. C'est l'éditeur qui fait la littérature* », la même, quelques minutes plus tard, interrogée lors du cocktail par le chroniqueur Nicolas Gary.

Mais la France bouge. Enfin. Le Kindle s'y installe. Amazon vend de plus en plus d'ebooks. Même les miens, que ce soit ès romancier, dramaturge ou essayiste.
Des sites soutiennent cette sortie de l'anonymat :
http://www.romancier.net
http://www.dramaturge.net
http://www.essayiste.net

Faute de médias classiques, l'écrivain indépendant doit se bouger pour permettre à son œuvre de bouger, et si une web présentation ne permet pas encore de pallier l'absence des journaux traditionnels, elle aide néanmoins à rencontrer un réel public.

Aucune leçon de qualité à recevoir des éditeurs classiques

Je pourrais prendre un auteur auto-édité et l'agiter devant vous, tel un pantin de la médiocrité dont l'orgueil lui masque même les sourires des rares qui daignent acheter sa production. L'auto-édition générera une abondante state de déchets.

Oui, l'auteur-éditeur doit respecter son lectorat, en présentant une œuvre la plus aboutie possible. Oui, il y joue sa crédibilité. Nous sommes plus souvent attaqués que les éditeurs classiques pour des coquilles ! Des fautes dans un livre publié chez eux, c'est lamentable, quelqu'un n'a pas réalisé correctement son travail mais pour l'auteur-éditeur c'est pire : il est mauvais. On pardonne moins aux indépendants qu'aux grosses structures où la responsabilité semble diluée au point de s'évanouir en reposant sur de multiples têtes invisibles. Ce serait même parfois la faute de l'imprimeur !

Mais ce n'est pas parce qu'on pourrait remplir un camion de niaiseries publiées en auto-édition, qu'il faudrait se boucher le nez, fermer les yeux, devant tout texte ainsi publié.

Sinon, si le critère du camion devait s'appliquer pour discréditer une profession, l'édition classique en remplit chaque jour, des camions d'invendus, en direction des broyeurs, du recyclage papier. Un cinquième environ de la production nationale envoyé au pilon, et ce serait mépriser la littérature que de prétendre le vendu toujours de grande qualité !

Faut-il réellement remplir ces pages de noms pour

démontrer jusqu'à quel niveau de médiocrité l'édition classique est descendue, le plus souvent en pensant néanmoins lancer des opérations rentables car la notoriété du "signataire" devait permettre d'abondantes ventes ? La dérive est suffisamment ancienne pour que chacun manque de doigts (mains et pieds) pour y égrainer la liste d'auteurs accueillis dans le grand cirque de l'édition française malgré des textes à jeter.

En 2012, aucun complexe d'*infériorité* ne doit retenir l'auteur auto-édité : qu'il clame son indépendance et surtout l'explique. Expliquer la démarche reste indispensable dans une société dominée par les idées-reçues véhiculées depuis des décennies par les installés.

Qu'est-ce qu'un manifeste, historiquement ?

Une déclaration, écrite, publique, pour exposer un programme ou une position. Politique et artistique communiquent ainsi. Même si, déjà au siècle précédent, le terme s'utilisa, c'est au XIXe qu'il prend son essor, quand "le mouvement ouvrier" essaye de s'extraire des exploitations. *Le Manifeste du Parti communiste*, de 1848, reste le plus célèbre, rédigé par Karl Marx et Friedrich Engels.

En 1828, Sainte-Beuve reconnaissait l'existence d'un premier *"manifeste"* : *"Défense et illustration de la langue française"*, *"La Deffence et Illustration de la Langue Francoyse"*, dans l'orthographe originelle de 1549, de Joachim du Bellay. Le premier manifeste ?
Néologisme pour le manifeste littéraire ? Quatre ans plus tôt, un certain A. Guiraud, avait publié *"Nos doctrines : Manifeste de la Muse française."* Puis un certain Nisard, publia en 1833 son *"Manifeste contre la littérature facile."*

En 1886, Jean Moreas publia *"le Manifeste du symbolisme."* Son « manifeste littéraire », publié dans le supplément littéraire du Figaro, fonda "le mouvement symboliste", qui déclarait rompre avec le décadentisme mais également le Parnasse.

C'est Filippo Tommaso Marinetti, avec son *"Manifeste du futurisme"* (janvier 1909 en Italie, février 1910 en France) qui lança vraiment le genre, en donnant naissance à "l'avant-garde" du XXe siècle. Futurisme : « *La splendeur du monde s'est enrichie d'une beauté nouvelle : la beauté de la vitesse. Une automobile de course avec son coffre orné de gros tuyaux tels des serpents à l'haleine explosive...* » Il multipliera les manifestes, comme le *Manifeste technique de la littérature futuriste* ou le *Manifeste de la cuisine futuriste.*

Puis il y eut le *Manifeste DaDa,* même les *Manifestes DaDa,* de celui rédigé par Hugo Ball en juillet 1916, en passant par *"les Sept manifestes Dada"* (1924), recueil de manifestes lus ou écrits entre 1916 et 1924 par Tristan Tzara ou *"Dernier Relâchement, manifeste dada"* de Walter Serner (1918).

Le manifeste exprime un désir de changement, la volonté d'une autre réalité, de ne pas subir un système figé, de briser les bâtons dans nos roues. Ce manifeste politico-littéraire s'inscrit naturellement dans l'Histoire des manifestes.

Il convient également de ne pas oublier, le *"manifeste des 93",* l'appel des intellectuels allemands aux nations civilisées, du 14 novembre 1914 ; le *"manifeste des 121",* sur le droit à l'insoumission dans la guerre d'Algérie, du 6 septembre 1960 ; le *"manifeste des 343",* pour le droit à l'avortement, du 5 avril 1971.

Christine Angot n'a pas encore signé de *manifeste* pour son genre littéraire. Oh quelle belle idée, va-t-elle s'exclamer ? Ni Philippe Delerm. Oh quelle belle idée... Aurélie Filippetti n'osera sûrement jamais présenter un manifeste de l'édition française, même s'il serait sûrement édité par la maison Gallimard, avec même une compilation des plus belles envolées du patron sur le sujet. L'édition française semble tellement figée... qu'on dirait la France d'avril 1968. Sa logique de regroupement lui permet de s'aveugler sur l'impasse fondamentale d'avancer sans se soucier de la réalité de la vie quotidienne des écrivains. Gallimard en rachetant Flammarion boxera dans le top 3... mais ces gens-là ne voient pas venir ce manifeste, même s'ils pensent nécessaire de discréditer l'auto-édition, une tâche pliée en quelques mots.

Des mots contre l'auto-édition : la confrontation a déjà débuté

Belle France unie : éditeurs et ministre critiquent l'auto-édition.

Dans les propos d'après grande messe du SNE, le 28 juin 2012, repris par *ActuaLitté*, l'affaire de l'auto-édition fut pliée d'un définitif « *c'est un peu un mirage !* » par Antoine Gallimard.

Le 16 mars 2012, au Salon du livre de Paris, le patron en exercice du SNE avait développé : "*Ce n'est pas l'autoédition, mise en avant aujourd'hui par les grands opérateurs du Web en même temps qu'ils escamotent les marques des éditeurs sur leur portail, qui pourra se substituer à une édition choisie, maîtrisée, orchestrée autour de marques fortes et de prescripteurs reconnus.*" Certain, monsieur ?

Une édition maîtrisée ? Quand, au contraire, les éditeurs classiques multiplient les sorties, publient (presque) tout et n'importe quoi depuis des années ?

Un mirage d'Amazon pour profiter des pauvres écrivains alors que les membres du SNE souhaitent leur prospérité !

Quand Gallimard Jeunesse organise le "Concours du Premier roman Jeunesse" (en partenariat avec RTL et Télérama), du 12 avril au 31 août 2012, il précise dans son règlement :
- *Le manuscrit doit être une création originale de l'auteur, jamais publiée ni distribuée (les manuscrits auto publiés sont autorisés)*
La maison se situe bien dans la logique de l'auto-édition

(qu'il préfère donc appeler autopublication) ne comptant pas vraiment, pouvant uniquement servir à se faire repérer... comme proclamerait (répéterait ?) la locataire de la rue de Valois !

Selon Aurélie Filippetti « *l'autoédition peut convenir, au début, quand on est en recherche d'un éditeur, pour se faire remarquer, pour commencer. Mais très vite, la logique et le souhait des auteurs, c'est d'arriver à une relation intéressante et constructive, avec un éditeur. C'est ce que veulent la plupart des auteurs.* » C'était juste après son « *tous les textes ne sont pas des livres. C'est l'éditeur qui fait la littérature* » du 28 juin 2012.

Pour plus de précisions : « *Aurélie Filippetti, Antoine Gallimard et les subventions contre l'auto-édition* », du même auteur.

Le manifeste : écrit trop extrémiste dans une démocratie, même littéraire ?

Sommes-nous réellement en démocratie, dans le microcosme des lettres ? Non, les écrivains ne vivent pas égaux en droits. Juste un exemple, *les critères d'attribution des bourses d'écriture 2012* du Centre Régional des Lettres (9 bourses par an, chacune d'un montant maximum de 8 200 €), les auteurs-éditeurs, même professionnels, y sont exclus d'une phrase : *"l'auteur doit avoir publié au moins un livre à compte d'éditeur (sous forme imprimée)."*
Exiger le contrat d'un éditeur pour nous reconnaître auteurs offre certes une facilité, qui permet aux proches de monsieur Martin Malvy de ne pas devoir lire les livres. Mais quand on prétend mener une politique de justice, une telle discrimination semble difficilement défendable. D'ailleurs monsieur l'ancien ministre ne la défend pas ! Il semble ne rien entendre des indignations qu'elle suscite.

Qui plus est, nul n'oserait nous prétendre en *"démocratie des écrivains"* quand madame la ministre reconnaît la « *République des lettres* ». Certes, en France, la république est démocratique, avec même "liberté, égalité, fraternité" au programme.

Aurélie Filippetti : « *Aujourd'hui, avec le développement de la diffusion numérique des œuvres, de fortes tensions agitent le secteur culturel ; certains commentateurs font miroiter un avenir qui se ferait sans vous* [les éditeurs]. *L'avenir serait à la disparition des intermédiaires de la création ; notre temps serait celui de la désintermédiation.* »

Précision : la disparition totale des intermédiaires n'est pas le but ultime mais leur réduction au strict minimum semble indispensable : les prix des livres numériques se stabiliseront à un niveau nettement plus bas que ceux du livre papier, le gâteau à se partager rétrécissant, il convient de supprimer les prestataires superflus. Auteur-éditeur, je suis distribué, par Immateriel, sur Amazon, Itunes, La Fnac, epagine et les autres, pour un coût total de 35 à 40%. Une marge sur les ventes, sans frais fixe d'accès à la distribution. Cette organisation semble correcte, honnête même.

Quand de « *fortes tensions agitent le secteur culturel* », on attendrait de la ministre de la Culture, qu'elle s'intéresse d'abord aux éléments essentiels, les écrivains. Au moins qu'elle respecte une certaine neutralité.

Mais non, l'état soutiendra les puissants, les installés, les éditeurs.

Suite : « *Leurs réflexions sont nourries par l'activisme des grandes entreprises technologiques, qui ont pris des positions très fortes sur la diffusion des contenus culturels en venant d'univers qui ne sont pas celui de la culture.* »

Précision : phrase inexacte, madame la ministre ! Vous visez Amazon, pour suivre l'anathème des éditeurs mais la société de Seattle a débuté par la vente de livres en papier. Et contrairement aux vieux libraires des vieux murs, elle n'est pas restée prisonnière d'un support. Peu importe le support pourvu qu'on ait l'œuvre.

Qui plus est, madame la ministre, nos réflexions ne sont pas nourries par Amazon, Google, Apple ou Kobo. Vous auriez dû lire *"le livre numérique, fils de l'auto-édition"* !

Nos réflexions sont nourries des combats des écrivains contre les éditeurs qui les exploitent depuis des siècles...

« Elles cherchent à établir ce contact direct avec les auteurs. Leur modèle est séduisant : il réclame la « démocratie des écrivains », là où régnait la « République des lettres ».

Pourtant, je crois qu'une industrie culturelle aussi complexe que la vôtre ne pourra pas reposer sur ce nouveau modèle. Je ne partage pas ce point de vue et je crois qu'il est utopique. »

Le 28 juin 2012, à l'assemblée générale du SNE, madame la ministre qualifia donc notre voie d'utopique ! L'acte d'achat prend ainsi, en plus, une valeur symbolique : vous permettez à l'utopie d'avancer (n'hésitez pas à consulter mon catalogue complet !)

Ce manifeste participe du lobbying indispensable des écrivains, face au puissant lobby des éditeurs, qui semblent bénéficier du droit de conseiller aux oreilles des parlementaires pour obtenir très rapidement l'adaptation des lois.

II

L'édition traditionnelle en 2012 : état des lieux

Un système à combattre sans état d'âme, des éditeurs aux distributeurs en passant par les libraires et la critique. Evoluez ou disparaissez !

- Les maisons traditionnelles d'édition

- Le livre en papier : 25 000 points de ventes inaccessibles aux auteurs indépendants. Analyse de la distribution.

- Histoire d'une grande et belle tentative pour "une autre distribution" des petits éditeurs...

- 25 000 points de ventes inaccessibles aux auteurs indépendants : en tirer les bonnes conclusions

- La vente sur internet des livres en papier

- Les droits numériques des livres en papier édités sans clause numérique

- Les droits d'édition papier des livres édités par les éditeurs traditionnels mais devenus indisponibles

- La critique

Le livre numérique arrive au bon moment : les maisons d'édition ne font plus rêver. Même l'*institution* Gallimard. Tout le monde, ou presque, connaît « les concentrations du secteur. »

Grasset, Fayard, Mille et une nuits, Stock, Lattès, Marabout, Mazarine, Pauvert, Le Masque, Calmann-Lévy, Editions 1, Editions des deux terres, Harlequin, Hachette illustré, Hachette Jeunesse / Deux Coqs d'or, Gautier Languereau, Le Chêne, Hazan, Hachette Pratique, EPA, Hachette Tourisme (Routard, Guides Bleus...), Pika, Albert-René. Et les autres. Ces maisons constituent Hachette Livre... groupe français d'édition, du groupe Lagardère.
Un chiffre d'affaires annuel supérieur à 2 milliards d'euros.
2 273 millions d'euros en 2009.
2 165 en 2010
2 038 en 2011
2 077 en 2012 (223 millions d'euros de résultat opérationnel malgré le paiement de 7 104 collaborateurs !).

Un chiffre d'affaires en baisse lente et régulière ? Surtout un effet de la variation des ventes de Stephenie Meyer qui avait boosté le chiffre d'affaires en 2009 ! Donc éviter les conclusions hâtives : tout va bien pour Hachette !

Le livre numérique : 20 % du chiffre d'affaires aux États-Unis et 10 % au Royaume-Uni.
"Un très bon niveau de profitabilité, proche de 11 %."

Premier éditeur à avoir vendu plus de cinq millions d'e-books d'un même auteur, barre franchie pour James Patterson en décembre 2011.

Commentaire très intéressant de l'activité 2011 par Arnaud Nourry, Président-Directeur Général de Hachette Livre :
« *Un des défis principaux de l'année consistait à sauvegarder les marges dégagées par les activités numériques pour que la rentabilité globale de Hachette Livre ne souffre pas de la contraction du chiffre d'affaires induit par les prix de vente des e-books (inférieurs de 30 % en moyenne à celui de leurs équivalents imprimés), alors que ceux-ci mordaient largement sur le marché des livres traditionnels.*
Le "découplage" entre le chiffre d'affaires et les marges en numérique a été effectué avec succès. »

Avec un prix inférieur de 30% pour l'ebook par rapport à la version en papier, Hachette conserve des marges appréciées des actionnaires. Les auteurs apprécient ?

Derniers mouvements capitalistiques :
16 mars 2011 : Hachette Livre devient actionnaire à 100 % des Éditions Albert René (Astérix).

7 juillet 2011 : Acquisition d'une minorité de blocage dans Azbooka-Atticus, quatrième éditeur russe.

Nombre de nouveautés et de nouvelles éditions publiées :
2008 : 6 494
2009 : 6 294
2010 : 6 932 ; la machine tourne à plein régime ! Presque 20 par jour. Quel libraire peut les accueillir toutes ?

Au premier trimestre 2012 :

- *Lagardère Publishing : chiffre d'affaires de 394 M€ (+ 0,9 % en données brutes, - 0,3 % à données comparables). Stabilité de l'activité au global : le recul de l'activité en France (- 3,5 %) et en Espagne (- 11,6 %) est compensé par les bonnes performances des ventes aux États-Unis (+ 2,8 %) et dans l'Illustré (+ 4,8 %). Le livre numérique poursuit sa forte progression pour atteindre 9 % des ventes de Lagardère Publishing à fin mars 2012.*

Pour l'exercice 2011, le livre numérique représentait 6 % du chiffre d'affaires total de Lagardère Publishing.

Derrière Hachette Livre : Editis (une partie de ce cher ex Vivendi Universal Publishing, partagé entre le groupe Lagardère et Wendel Investissement, d'un certain Ernest-Antoine Seillière, après la chute de monsieur Jean-Marie Messier), racheté en 2008 par le groupe espagnol Planeta.

Editis : Place des éditeurs, Presses de la cité, Solar, Belfond, Hors collection, Omnibus, Le Pré aux Clercs, Acropole, Hemma, Lipokili, Langue au chat, Pocket, Pocket Jeunesse, 10/18, Fleuve noir, Kurokawa, Langues pour tous, Le Cherche midi, First-Gründ, First Interactive, Le Dragon d'or, XO/Oh! Editions, Nathan, Le Robert...
Chiffre d'affaires 2009 : 751 millions d'euros.
2010 : 753 millions. 2011 : 706 millions

France Loisirs, principal club de livres en France, jusqu'en mai 2011 filiale de l'allemand Bertelsmann, racheté par la société d'investissement américaine Najafi : 370 millions d'euros en 2009. 2010 : 365 millions.

Media Participations, leader dans la bande dessinée (Dargaud, Dupuis ou Kana) : 319 millions.
2010 : 327 millions.

Groupe Lefebvre Sarrut, Editions Législatives Francis Lefebvre, Dalloz, Juris Associations : 314 millions en 2009.

Flammarion n'était qu'à 263 (Flammarion, Arthaud, Autrement, Père Castor, Casterman, Fluide glacial...) en 2009.
2011 : 220 millions (la part distribution ajoute un chiffre d'affaires de 58 millions). Baisse sûrement imputable à une faiblesse dans les ventes des œuvres de Pierre Dukan.

La Martinière 260 en 2009. 2010 : 284.

Gallimard 243 en 2009. 2011 : 253 millions d'euros.

Malgré de belles marques : Gallimard bien sûr mais également Folio, La Pléiade, Denoël, Mercure de France, La Table ronde, P.O.L (87%), Joëlle Losfeld...
Gallimard représentait simplement un peu plus d'un dixième du secteur livres de Lagardère...
Mais 243 + 263 : 506. 220 + 253 : 473. La barre des 500 millions d'euros est franchie ou presque (suivant les années) avec le rachat mi 2012 de Flammarion à l'italien RCS Mediagroup. Gallimard devient numéro 3 en France. Certes, il ne représente encore qu'un quart de Hachette et surtout ses positions dans le monde anglo-saxon restent marginales.
Et s'il doit apprécier de récupérer le *goncouré* Michel

Houellebecq, le nutritionniste Pierre Dukan pourra sûrement, certaines années, se présenter comme la meilleure vente du groupe Gallimard.

De la même manière que dans la musique, les majors avaient méthodiquement absorbé les labels indépendants pour parvenir à un paysage monolithique avec quatre grandes écuries aux productions proches, le monde de l'édition a connu sa concentration et ses batailles capitalistiques. Le paysage d'avant tsunami numérique n'a pas grand-chose à voir avec l'exception culturelle tant glorifiée.

La concentration des maisons d'édition, à la recherche d'une rentabilité toujours plus forte, ne représente pas un danger pour la diversité des catalogues ?

Le livre en papier : 25 000 points de ventes inaccessibles aux auteurs indépendants. Analyse de la distribution.

Point crucial pour vendre des livres : qu'ils soient disponibles là où lectrices et lecteurs achètent. Les différents observateurs (état, syndicats...) s'accordent sur le chiffre d'environ 25000 points de ventes physiques. Heureusement Internet a ouvert une brèche... dont il convient de profiter de manière réaliste...

Les derniers chiffres connus sur les lieux d'achat du livre concernent 2010 (*hors livres scolaires et encyclopédies en fascicules*) :

- Librairies (*tous réseaux confondus*) : 23,4%
- Grandes surfaces culturelles spécialisées 22,3%
- Grandes surfaces non spécialisées (*dont hyper*) 19,1%
- Ventes par internet 13,1%
- VPC et clubs (*hors internet*) 13,2%
- Courtage 0,1%
- Soldeurs / occasion 1,5%
- Autres (*comités d'entreprise, kiosques, gares, salons,...*) 7,2%

Pour les librairies, ces données officielles présentent une répartition (http://www.dgmic.culture.gouv.fr/IMG/pdf/Chiffres-cles_2010-2011.pdf) :
- *librairies (grandes librairies et librairies spécialisées) 17,6%*
- *grands magasins 0,3%*
- *maisons de la presse, librairies-papeteries 5,5%*
Les ventes "en clubs" sont réservées aux best-sellers de l'édition classique... et naturellement, les internautes achètent principalement ce dont ils entendent parler, comptons peu sur leur légendaire soif d'inédits...

Comment être disponible en librairies et grandes surfaces ? Via un secteur peu connu et pourtant central de la chaîne du livre : la distribution.

Pour alimenter 25 000 points de vente, rien que la logistique et les frais de transport nécessitent une mise de départ dont ne dispose naturellement pas l'auteur-éditeur.

Se limiter aux grandes enseignes, qui fonctionnent avec une centrale d'achats, permettrait une percée significative mais ces centrales d'achats répondent à l'auteur-éditeur de passer par un distributeur référencé... Cercle vicieux où seuls les installés peuvent commercer...

Qui sont ces installés ?

« Alors que dans les autres pays comparables l'éditeur et le distributeur sont deux acteurs bien distincts, les principales maisons d'édition françaises ont développé leur propre circuit de distribution, à l'exemple de la Sodis appartenant à Gallimard ou de Volumen dans le cas du groupe La Martinière. En contrôlant le processus de distribution, les éditeurs français se sont donnés les moyens de dégager des marges plus importantes qu'avec leur seule activité éditoriale.

L'intégration de la distribution reste aujourd'hui encore l'une des principales sources de la bonne santé économique des éditeurs français (...)

Avec la transmission directe d'un texte depuis une plate-forme de téléchargement vers une tablette ou une liseuse, l'impression et la distribution du livre ne sont plus nécessaires. Or c'est cette dernière étape de la chaîne du livre qui est aujourd'hui la source majeure de rémunération pour l'éditeur. »

Note d'analyse officielle gouvernementale, mars 2012
http://www.strategie.gouv.fr/system/files/2012-03-19-livrenumerique-auteurs-editeurs-na270_0.pdf

Une source majeure de rémunération absente du bénéfice de l'éditeur présenté à l'auteur pour justifier ses faibles droits...

Peut-on s'étonner des exemples ? Exit les deux premiers distributeurs, ceux des groupes Hachette et Editis, les leaders de l'édition. Mais naturellement, dans une note officielle, la mise en valeur de Gallimard et La Martinière doit sembler préférable.

Dans l'économie de livre, l'important n'est pas de publier les meilleures œuvres mais de donner envie d'acheter des livres du groupe aux clients, où ils passent habituellement. Ainsi la grande surface fut, jusqu'à une période récente, considérée comme l'espace idéal pour le livre vu à la télé.

« En contrôlant le processus de distribution, les éditeurs français se sont donnés les moyens de dégager des marges plus importantes qu'avec leur seule activité éditoriale. » Conséquences indirectes ou motivations conscientes : ce contrôle permet à ces groupes d'empêcher un véritable développement des indépendants (il suffit de demander une mise de départ impossible pour interdire le marché ou un fixe plus une marge à la limite du supportable pour laisser survivre au bord de l'asphyxie) et de maintenir les écrivains dans leurs écuries.

5 distributeurs se partagent plus de 90% du marché : Hachette Distribution, Interforum (Editis), Sodis (Gallimard), Volumen (Seuil-La Martinière), Union Distribution (Flammarion).

En rachetant Flammarion, Gallimard est devenu un poids lourd de l'édition française, le troisième groupe. Il a aussi acquis un distributeur et le rapprochement Sodis - UD semblerait logique.

Le pouvoir de négociation des fournisseurs extérieurs, les petits éditeurs, est quasi nul face à ces mastodontes.

Sujet presque tabou. J'ai néanmoins déniché une analyse : « *la totalité du chiffre d'affaires de l'édition transite par les distributeurs, qui prélèvent leur dîme à l'aller comme au retour. Le montant de la dîme ? Il est mieux gardé que la clé des codes de la bombe atomique.* »
Les éclairages de Challenges, juin 2004 - N° 226
La guerre des livres se déplace sur le terrain de la distribution

Jean-Claude Utard, dans le résumé de son cours sur l'édition française à l'Université Paris Ouest Nanterre La Défense, note :
"*Un éditeur petit ou moyen est donc contraint de déléguer ce travail* [distribution et diffusion] *et se retrouve dans une situation où il n'est pas complètement libre de choisir : c'est le distributeur et le diffuseur qui, en fonction des rythmes de parution, des chiffres et du volume des ventes de cet éditeur et de sa complémentarité avec les autres éditeurs de son catalogue, en définitive acceptent de le prendre en compte. Une caution est en général exigée alors par le distributeur et la rémunération du distributeur et du diffuseur consistera en un pourcentage sur les ventes (10 % en moyenne pour la distribution), souvent assorti de la condition d'un chiffre d'affaires minimum (et donc d'une rémunération minimum pour le distributeur et le diffuseur).*"

Payer et être noyé dans la masse du grand distributeur, où même de gros éditeurs "indépendants" osent parfois se demander s'il ne privilégie pas le catalogue de sa maison mère. Quelle idée !

Comme l'écrivit Michel Champendal « *il n'existe de nos jours aucune perspective de ventes de livres pour un petit éditeur parisien...* » Il avait essayé, créé une maison d'édition à son nom, en dépôt de bilan début 2009, quelques semaines avant son suicide. C'est un article de Bruno Abescat dans l'Express en ligne "*L'édition française doute de son avenir*", publié le 22 mars 2010, qui me l'apprit. « *Il n'existe de nos jours aucune perspective de ventes de livres pour un petit éditeur parisien...* » serait le dernier message qu'il laissa.

Avant le numérique, c'était simple : un livre sans distribution est un livre invisible, invisible également pour les médias. Donc il suffit de tenir la distribution pour tenir les écrivains.

Sans distribution, sans diffusion... La diffusion diffère de la distribution même si elles furent (sont) souvent confondues, même si elles sont interdépendantes. Le diffuseur réalise la promotion des livres auprès des points de vente, il s'agit donc d'*une armée* de représentants, *exclusifs* ou *multicartes*. Le distributeur gère les tâches matérielles, le stockage et la circulation des livres (allers vers les points de ventes et souvent retours invendus), les flux financiers.

Certes, le système n'est pas parfait, même le Syndicat National de l'Edition le reconnaît :

« *L'augmentation de la production éditoriale depuis 10 ans se traduit par :*
- Une rotation plus élevée sur les tables avec une espérance de vie de trois mois au maximum, en cas de vente faible ou moyenne (une nouveauté chasse l'autre) ;
- Des taux de retours élevés (23,1 % en 2010, 24,4 % en 2011), ce qui pénalise l'ensemble de la chaîne du livre ;

- Et en amont, des tirages moyens en baisse (de 10 000 exemplaires en 1990 à un peu moins de 7 630 en 2011) d'où une plus grande vigilance en ce qui concerne les mises en place. »
http://www.sne.fr/editeurs/vendre-un-livre/poids-et-evolution-des-circuits-de-vente.html

Le pilon, c'est la destruction des livres invendus.
Témoins de l'échec de la gestion des éditeurs du SNE, la centaine de millions de livres qui finissent au pilon, chaque année. Oui, ils sont détruits.
Je vous conseille la lecture du court ebook *"Le pilon, ce que nous en savons - Des millions de livres détruits sur ordre des éditeurs"* de Thomas de Terneuve. Il réunit les données disponibles sur ce quasi tabou de l'édition française. Un ebook à 99 centimes d'euro par l'auteur de *"99 centimes l'ebook, un nouveau modèle économique"*.
Dans les économies liées au passage à l'édition numérique, *bizarrement*, les éditeurs préfèrent ne pas aborder le dossier pilon. Certes, parler des invendus, ça ne se fait pas !
Quand environ un cinquième d'une production doit être détruit, tout organisme devrait chercher des solutions et pourtant « *le pilon, ce n'est ni négatif ni scandaleux. C'est au contraire un régulateur nécessaire du secteur* », selon le Syndicat National de l'Edition. Qui déplore néanmoins les taux de retours élevés.

Histoire d'une grande et belle tentative pour "une autre distribution" des petits éditeurs...

Malgré le « tous ensemble » de la grande famille de l'édition, utilisé contre « l'ogre Amazon », les petits éditeurs essayent de survivre, de se distribuer comme ils le peuvent...
Pourquoi ne passent-ils pas par Hachette Distribution, Interforum, Sodis, Volumen ou Union Distribution ? Une telle diversité devrait aboutir à une concurrence pour obtenir des contrats de distributions ? (Non, ils préfèrent reprendre les auteurs découverts par ces éditeurs de terrains, quand ils réussissent à se faire un nom ?)
Bref, ils n'y passent pas ! Ah les parents pauvres des grandes familles !

En ce temps-là, le Syndicat de la librairie française écrivait « *L'origine des réflexions sur un nouveau mode de distribution des petits éditeurs provient des faillites successives de distributeurs spécialisés dont les conséquences ont été très douloureuses pour de nombreux éditeurs et pour les libraires.*
Professionnels et pouvoirs publics partageaient la volonté de trouver un nouveau modèle économique pour ce type de distribution qui facilite l'accès de cette production auprès des libraires et du public. »

Entre les lignes, pouvons-nous en conclure à la compréhension par le Syndicat de la librairie française du système fermé de la distribution made in France ? Quelques mastodontes satisfaits de leur partage du marché ?
Qui croit ces grands groupes quand ils prétendent défendre la culture ?

Auraient-ils installé un système verrouillé leur assurant un pont d'or ? Après ces commentaires destinés aux naïfs disposés à prendre les discours officiels pour la vérité, retour à l'initiative.

Calibre, société de caractère interprofessionnel sans objectif lucratif, avec pour actionnaires le SNE et le SLF, fut créée en janvier 2007 pour assurer la distribution des petits éditeurs.

Les prestations de Calibre étaient financées par une commission payée par les éditeurs.
Son taux était fixé à 14 % dont 3 % pris en charge, durant la phase de lancement, par les libraires, soit un coût réel de 11 % pour les éditeurs.
Après atteinte de l'équilibre financier, ses résultats devaient même servir à baisser la commission de distribution et à améliorer son service.

Son financement fut d'abord assuré par les actionnaires et une subvention du Cercle de la Librairie... Une vraie distribution... Avec même noté « *les recouvrements et risques d'impayés sont à la charge de Calibre qui gère les comptes des éditeurs.* »

En mai 2011 : mise en liquidation amiable de la structure. 120 éditeurs y avaient cru... J'y aurais participé si mon statut d'auteur-éditeur avait été accepté... (la base Electre, la référence des libraires, refusant les livres auto-édités, les professionnels qui me cherchent ne m'y trouvent naturellement pas) Quelles furent leurs pertes ? À côté des mastodontes de la distribution, sauf à réussir un coup comme l'engouement pour Stéphane Hessel, l'éditeur indépendant doit surtout compter sur sa débrouillardise pour tenir. Si en plus les auteurs lui réclament des droits élevés, peut-il survivre ?

Mais l'éditeur traditionnel, même indépendant, peut glaner quelques subventions. Ses auteurs accepteront même qu'il verse des droits dérisoires quand il les aura informés de ses grandes difficultés. Tellement d'auteurs sont prêts à être publiés contre presque rien, rien que l'honneur d'être publié !

Tandis que l'auteur-éditeur (profession libérale) doit vivre de ses ventes. Il s'entend même parfois répondre qu'il a choisi d'être indépendant donc qu'il doit assumer ! Un pays qui arrose les géants, accorde quelques miettes aux nains et marche sur les indépendants. Naturellement, les élus de cette drôle de contrée n'hésiteront pas à prétendre pratiquer une politique juste, équitable...

25 000 points de ventes inaccessibles aux auteurs indépendants : en tirer les bonnes conclusions

Les libraires n'ont pas voulu de nous, qu'ils se rassurent, nous n'avons plus besoin d'eux, aurait résumé Coluche en 2012 ? Ou aurait-il attendu 2015 ?

Le réseau traditionnel du livre papier nous est inaccessible : favorisons sa disparition !

Depuis des années, je déconseille de fréquenter les librairies. Je n'y entre d'ailleurs plus. Ce qui plaît rarement à mes proches : ils ont assimilé la leçon officielle : il convient de soutenir les libraires. Non ! Le réseau traditionnel du livre papier nous est inaccessible, alors favorisons sa disparition, également par nos achats, en privilégiant internet. Oui, même pour le livre papier.

Il en serait autrement si les libraires participaient à la révolution numérique et s'impliquaient auprès des écrivains indépendants.
Mais après des décennies de mépris, nous n'avons plus de temps à perdre, ne devons surtout pas céder à la tentative de culpabilisation « ça fera des chômeurs en plus. » Hé bien, oui, libraires, découvrez le chômage ! Ce fut notre quotidien si longtemps, nous qui avons dû errer du travail alimentaire au Rmi, en passant par les fins de droits, pour finalement arriver au Rsa, car nos livres ne se vendaient pas.
J'ai raconté dans « *viré, viré, viré, même viré du rmi* », mon parcours lotois.
Alors vive les nouveaux libraires, adieux les amis des éditeurs traditionnels !

La vente sur internet des livres en papier

Depuis la marginalisation d'Alapage (avant sa "disparition"), un duopole règne sur la vente des livres en papier : la Fnac et Amazon. Le premier, accoudé à ses magasins présents sur l'ensemble du territoire, semble d'ailleurs nettement privilégier le papier, même après son partenariat avec Kobo, la vente du *Kobo by Fnac*.

Vendre du livre en papier sur la Fnac, nécessite d'être référencé par leur centrale d'achat.
Sur Amazon, tout vendeur réglant un forfait mensuel peut ajouter de nouvelles références. J'y suis donc inscrit en vendeur « de base », avec en uniques frais une commission sur les ventes, ce qui limite mon catalogue à quelques bouquins en papier... mais bientôt CreateSpace arrangera la situation... écrivais-je en 2012. En 2013, ce manifeste est revu à l'occasion de sa mise à disposition en papier, sur Amazon de France et de Navarre, via l'impression à la demande CreateSpace.

L'avenir se fera avec CreateSpace, l'impression à la demande d'Amazon, disponible en France depuis le 17 mai 2012... mais avec un site sans traduction française et des formalités complexes : pour les non américains, un numéro d'identification fiscale (NIF) est nécessaire, soit un numéro EIN (pour les particuliers et les entreprises ; l'auteur-éditeur à jour légalement est une entreprise) soit un ITIN (pour les particuliers uniquement).
Un EIN peut être obtenu en déposant le formulaire IRS SS-4... plutôt complexe pour un auteur dont l'anglais reste limité...
Pour les particuliers, un ITIN s'obtient en déposant le formulaire W-7, demande de numéro d'identification du contribuable IRS individuel.

Les droits numériques des livres en papier édités sans clause numérique

L'éditeur du livre en papier possède-t-il les droits numériques contractuellement ? Non quand ils ne sont pas clairement stipulés au contrat. Un avenant est donc nécessaire si l'auteur et l'éditeur sont d'accord. Sinon l'auteur est propriétaire de ces droits, sans formalité.

Certains inventent une incertitude mais l'article L. 131-3 du Code de la Propriété Intellectuelle est sans ambiguïté : « *La transmission des droits de l'auteur est subordonnée à la condition que chacun des droits cédés fasse l'objet d'une mention distincte dans l'acte de cession et que le domaine d'exploitation des droits cédés soit délimité quant à son étendue et à sa destination, quant au lieu et quant à la durée.* »

Dans *le Monde* du 21 janvier 2011, Antoine Gallimard, précisait « *Les éditeurs intègrent au contrat d'édition une clause ou lui adjoignent un avenant portant sur les droits numériques. La grande majorité des auteurs confient ainsi les droits numériques de leur livre à leur éditeur. Plusieurs dizaines de milliers d'avenants ont été conclus, sans compter les contrats d'édition pour les nouveautés qui incluent depuis longtemps déjà des clauses sur les droits numériques.* »

Pour les auteurs "importants", aux ventes importantes, le vide contractuel semble donc être passé par la négociation... qui peut avoir été rapide, genre "je publie votre nouveau livre à condition que vous signiez un avenant pour vos précédents ouvrages." Plus diplomatique : "avant d'aborder votre nouveau contrat pour ce roman auquel je crois énormément, sur lequel nous allons mettre le paquet en communication, sûrement obtenir un prix, une petite formalité au sujet de ce numérique qui peut vous permettre d'obtenir quelques revenus supplémentaires sur vos premiers livres que nous avons eu le plaisir d'éditer."

Dans cet article du *Monde*, Antoine Gallimard apportait des éclaircissements sur le taux utilisé :

« *Que proposent les éditeurs à leurs auteurs pour l'exploitation numérique de leurs livres ? Malgré le contexte d'incertitude du marché et les investissements qu'ils font, les éditeurs proposent à leurs auteurs des taux de rémunération au moins égaux à ceux du livre imprimé, en retenant de plus en plus fréquemment le "haut de la fourchette" de ces taux et en l'asseyant sur le prix public (et non sur leur chiffre d'affaires net).* »

Pour justifier ce taux :

« *Avant de parler de juste répartition, encore faut-il pouvoir mesurer la réalité financière de ce marché.*

Pour honorer son engagement contractuel de diffuser et faire connaître les œuvres sous forme numérique sur tous les réseaux, l'éditeur doit investir en recherche et développement dans ce nouveau métier.

Contrairement à l'idée reçue, l'édition numérique fait apparaître de nouveaux coûts pour l'instant non maîtrisés.

Il ne s'agit plus seulement de fournir des fichiers numérisés des œuvres, mais d'assurer leur protection et leur diffusion au travers de plateformes complexes et variant selon les environnements technologiques.

C'est un nouveau circuit qu'il s'agit de maîtriser, tout en tenant compte de l'ensemble des canaux de distribution, en particulier celui de la librairie.

Quant à l'absence de stocks physiques, toujours mise en avant, elle ne signifie pas la disparition des frais de fabrication (préparation, composition, correction...), de diffusion, de promotion ou de distribution. »

C'est sûrement un peu à monsieur Gallimard que répondait M. David Assouline, au Sénat, le 29 mars 2011 :« *Quand je vois les éditeurs s'insurger contre une petite phrase sur « la rémunération juste et équitable des auteurs », je me dis que les masques tombent. (...) Avec le numérique, nombre de coûts vont être atténués, du papier à l'imprimerie et au stockage, on pourrait donc se préoccuper enfin des auteurs. Et on nous dit « Oh non, surtout pas » ! (...) À l'heure actuelle, 55 % de coût du livre représente la distribution, 15 % l'impression, 20 % l'éditeur et 10 % l'auteur. Avec le livre numérique, l'éditeur touchera sept fois plus que l'auteur ! (...) Les éditeurs japonais, américains, canadiens m'ont dit la même chose : le numérique réduit de 40 % les coûts d'édition.* »

Vianney de la Boulaye, directeur juridique de Hachette Livre, fut interrogé par Amélie Blocman pour LÉGIPRESSE n° 278 - décembre 2010 : « *Le contrôle des droits par Hachette de ses auteurs est primordial. Bien sûr se pose la question de la titularité des droits numériques par Hachette, qui est une condition pour pouvoir rentrer dans le cadre du protocole d'accord. Hachette va devoir revenir vers certains auteurs ponctuellement et réfléchit actuellement à comment "régulariser" au mieux. De même, dans certains contrats antérieurs à la loi de 1957, il n'y a pas de cession de droit. La gestion collective obligatoire est un recours imparable, mais elle ne sera pas mise en place avant 2012-2013...* »

La « *gestion collective obligatoire* » est une arme à laquelle pensent des éditeurs contre les écrivains réticents à signer un avenant...

Précision : des contrats contiennent une "clause d'avenir", qui englobe la cession des droits d'exploitation sous une forme non prévue à la date du contrat. Ces clauses sont légales, réglementées par l'article L. 131-6. (« *La clause d'une cession qui tend à conférer le droit d'exploiter l'œuvre sous une forme non prévisible ou non prévue à la date du contrat doit être expresse et stipuler une participation corrélative aux profits d'exploitation.* »)
L'article L132-5, alinéa 2, modifié par la loi du 26 mai 2011, stipule « *le contrat d'édition garantit aux auteurs, lors de la commercialisation ou de la diffusion d'un livre numérique, que la rémunération résultant de l'exploitation de ce livre est juste et équitable. L'éditeur rend compte à l'auteur du calcul de cette rémunération de façon explicite et transparente.* »
Mais "juste et équitable" se définit difficilement juridiquement...

Les droits d'édition papier des livres édités par les éditeurs traditionnels mais devenus indisponibles

Un contrat d'édition, c'est, le plus souvent, pour une œuvre, un contrat pour la vie de l'auteur et ensuite, jusqu'à sa tombée dans le domaine public (70 ans, saut exceptions, après le décès).

Mais le contrat d'édition peut prendre fin avant cette échéance. Le contrat peut être nul si l'auteur, par exemple, ne remet pas son manuscrit. Il devra alors rembourser les avances.
Nous sommes ici dans le cas d'une œuvre éditée, qui s'est vendue en livre papier.
Si l'éditeur assure toujours la diffusion de ce livre, seul un accord amiable peut permettre à l'auteur de récupérer les droits papier.

Si le livre n'est plus disponible, la résiliation peut intervenir de plein droit, par voie amiable ou par voie judiciaire.

La résiliation de plein droit : suivant l'article L. 132-17 du CPI "*lorsque l'éditeur procède à la destruction totale des exemplaires.*" Mais aussi "*la résiliation a lieu de plein droit lorsque, sur mise en demeure de l'auteur lui impartissant un délai convenable, l'éditeur n'a pas procédé à la publication de l'œuvre ou, en cas d'épuisement, à sa réédition. L'édition est considérée comme épuisée si deux demandes de livraisons d'exemplaires adressées à l'éditeur ne sont pas satisfaites dans les trois mois*" ou, suivant l'article L. 132-15 lorsque l'exploitation du fonds de commerce d'un éditeur mis en redressement judiciaire a cessé depuis plus de trois mois ou si la liquidation judiciaire est prononcée.

Si l'auteur a reçu un certificat de mise au pilon total, il est libre sans formalité de proposer à un autre éditeur ou de s'auto-éditer. Mais les éditeurs semblent depuis quelques années conserver un faible stock pour conserver les droits... stock qui peut s'être vendu... donc l'œuvre est alors indisponible. C'est là qu'intervient "*la résiliation a lieu de plein droit lorsque, sur mise en demeure de l'auteur lui impartissant un délai convenable, l'éditeur n'a pas procédé à la publication de l'œuvre ou, en cas d'épuisement, à sa réédition. L'édition est considérée comme épuisée si deux demandes de livraisons d'exemplaires adressées à l'éditeur ne sont pas satisfaites dans les trois mois.*"

Face à un éditeur tenant à conserver ses droits sans remplir ses obligations, il pourrait être nécessaire de prouver par constat d'huissier que deux demandes de livraison d'exemplaires adressées à l'éditeur n'ont pas été satisfaites dans les trois mois.

Le mieux est d'obtenir une réponse de l'éditeur, acceptant de résiliation de plein droit.

Quant à la résiliation judiciaire : l'auteur peut invoquer que l'éditeur ne lui a pas versé les rémunérations dues, ou que l'éditeur ne lui produit pas les arrêtés des comptes comme stipulé au contrat, qu'il n'effectue pas la promotion de l'œuvre, que l'éditeur a porté atteinte au droit moral de l'auteur... Situation difficile où un avocat sera nécessaire. Préférez la résiliation amiable !... Enfin, essayez la résiliation amiable avant de lancer une procédure...

La critique

Septembre 2012 restera un grand moment pour les critiques littéraires qui ont pu redorer leur blason, enfin, ils le pensent !

Il y eut d'abord la chute de Todd Rutherford, après révélations par le New York Times de son business plan pourtant public et très lucratif : sa start-up, gettingbookreviews.com, proposait des prestations aux écrivains : la rédaction de critiques positives.

Il suffisait d'acheter 20, 50 bonnes critiques...

Le "petit malin" se serait ainsi pris jusqu'à 28 000 dollars de salaire mensuel, grâce au recrutement de « pigistes » peu rémunérés.

Google ferma son compte et Amazon supprima une partie des 4531 louanges répertoriées. Todd Rutherford s'est rapidement lancé sur un autre créneau : la vente de camping-cars mais réfléchirait à un retour au service de la littérature.

Quant à l'auteur de romans policiers britannique, RJ Ellory, dont je n'avais jamais entendu parler, pris le doigt dans la confiture, il a avoué se glorifier sur Amazon, via pseudos, naturellement. Il en profitait même pour descendre sèchement ses concurrents.

Jeremy Duns, l'un des ses collègues, a prétendu sur un forum qu'Ellory se cachait derrière les pseudonymes Jelly Bean, Nicodemus Jones... et tout s'enchaîna... RJ Ellory y a en plus gagné une bonne publicité... Car personne n'est dupe : il a simplement appliqué, en le détournant légèrement, le système du copinage (ou du renvoi d'ascenseur) qui prévaut dans la critique classique.

Ce n'est certes peut-être pas très sportif de prétendre en commentaire que l'on est « *l'un des plus talentueux auteurs d'aujourd'hui* »... mais est-il plus honorable, quand on exerce la profession de critique d'un grand média, d'encenser les collègues écrivains publiés chez le même éditeur, qui eux s'empressent avec leur casquette chroniqueur, de renvoyer l'ascenseur ? Non, ça ne se passe pas ainsi ? C'était avant ?

« Certains organes littéraires ont une responsabilité dans la médiocrité de la production littéraire contemporaine. On pourrait attendre des critiques et des journalistes qu'ils tentent, sinon de dénoncer la fabrication d'ersatz d'écrivains, du moins de défendre de vrais auteurs. Non que cela n'arrive pas. Mais la critique de bonne foi est noyée dans le flot de la critique de complaisance. On connaît cette spécialité française, qui continue à étonner la probité anglo-saxonne : ceux qui parlent des livres sont aussi ceux qui les écrivent et qui les publient. »
La littérature sans estomac, de Pierre Jourde, a certes 10 ans. Le monde de la critique a naturellement depuis mis fin à cette pratique... qui en douterait à lire les éloges de certain(e)s ?...

Certes, encore en 2007, le 9 mars, dans *Le Monde*, au fil d'un article de soutien aux libraires, Baptiste-Marrey (noté écrivain), n'hésitait même pas à reconnaître : « *les grands groupes publient, distribuent, vendent et font commenter favorablement les titres qu'ils produisent.* » Normal, il publiait dans *le Monde !* Normal ? C'est tellement banal, entré dans l'inconscient collectif, qu'ils peuvent le reconnaître au détour d'une phrase, sans susciter d'indignation, sans même se rendre compte de l'énormité de l'aveu qui les discrédite plus que nos commentaires. Mais ils continuent, continueront sûrement tant que leurs publications s'écouleront.

Bel exemple, en 2012, de critique déontologique : Gallimard ayant racheté Flammarion : un "écrivain Gallimard" glorifie une "écrivain F" dans *Le Monde des Livres*. Certes, sûrement sera-t-il excusé d'avoir encensé l'incritiquable Christine Angot. Qui plus est, il y a quelque chose de ridicule dans la manière qu'à "Philippe Forest, écrivain" de présenter *Une semaine de vacances*, débutant par : « *A juste titre, on dit souvent d'un vrai roman qu'il est irrésumable, car en rendre compte sous une forme autre que celle que son auteur a choisie revient précisément à défaire ce que celui-ci a voulu faire. C'est particulièrement le cas avec le nouveau livre de Christine Angot.* » Plus loin : « *Disons simplement qu'*Une semaine de vacances *réécrit* L'Inceste *(Stock, 1999), le plus célèbre des romans de Christine Angot.* » Oui, disons-le simplement "Philippe Forest, écrivain" a débuté sa carrière par un "Philippe Sollers", au Seuil, en 1992. Philippe Sollers également au dessus du lot pour *Le Monde des Livres*. Une grande famille...

Disons-le simplement, Christine Angot a gagné à la grande loterie des icônes nécessaires au microcosme des Lettres.

III

Les plus belles pages de l'indépendance littéraire vont s'écrire, avec Immateriel en edistributeur, Amazon, Itunes et espérons quelques autres en espaces de ventes. L'auto-édition va devenir une démarche naturelle (des grands groupes d'édition, liés aux médias soit d'un point de vue capitalistique soit par intérêts, poursuivront naturellement leur épique route).

Certains pensent qu'elle fut inventée par Amazon, d'autres considèrent lulu, thebookedition et leurs épigones comme de l'auto-édition (auto-édition : être son propre éditeur).

Avant ce manifeste, j'ai essayé de « faire bouger » les lignes, en vain. Comme vous le lirez dans la partie suivante, je n'étais pas le premier !

Depuis 1997, pourtant, les prises de positions abondent...

- 1997 : un vrai désir d'indépendance
- 2005 : En vivre...
- 2005 : Quelques livres...
- 2005 : Fournisseur de matières premières ?
- 2005 : La grève générale des écrivains
- 2006 : 2006 est au cœur de la période de transition
- 2007 : Internet et le livre numérique, chances des écrivains

Oui, tout ceci est passé inaperçu. Sauf de quelques lectrices et lecteurs sans possibilité de donner à ces mots plus d'audience, qui m'envoyaient parfois un petit mot gentil.

Tout se publie... pourvu que le signataire, pas toujours l'auteur, soit connu. Acteur, chanteur, journaliste, politique, présentateur du vingt heures, d'un jeu ou de la météo, sportif, peu importe mais médiatique. Et même écrivain, cathodique, notable, introduit ou critique d'un grand journal. Ajoutons-y le copinage : chaque année un conglomérat poisseux s'abat sur les lecteurs potentiels... qui se soumettent, consomment du baratin au kilomètre, ne lisent plus ou se réfugient chez les classiques. Forcément c'est "la crise du livre", les professionnels récoltent les fruits de leur vénale dérive. Et pourtant persistent, mirettes sur le tiroir caisse : les "coups" gonflent les recettes, les auteurs reçoivent des miettes ou de la monnaie de singe.

Face à cette logique financière, que faire ? Geindre ? Partir à Paris et sympathiser avec une vedette ? Passer par le journalisme ? Abdiquer ? Fomenter un scandale, une polémique ? Traverser l'Atlantique à la nage ? Se contenter d'un éditeur pour l'honneur (qui ne versera aucun droit d'auteur) ? Un écrivain écrit ! Indifférent au dédain des arrivistes arrivés, ces mondains qui pavanent dans les salons parisiens et prétendent atteindre des tirages "*corrects*"... alors qu'ils conservent un métier... plus lucratif...

Ecrire oui, mais comment exister littérairement sans se compromettre ? Faire soi-même ! Etre son propre éditeur. Longtemps "faire soi-même" fut l'euphémisme complaisant accordé aux recalés du noble chemin, au "compte d'auteur", arnaque où des naïfs payent pour être *publiés*, payent de la publicité fictive ou inutile, payent toutes les prestations possibles et imaginables pour finalement rien, *l'éditeur* leur apprenant que leur texte n'ayant *"pas trouvé son public"*, ils peuvent récupérer l'intégralité (en pareil cas le nombre initialement prévu est imprimé) moyennant... un nouveau chèque ! Ces *éditeurs* se justifient : ils apportent du rêve.

Une troisième voie existe désormais, fille du progrès : il est né le divin ordinateur ! À prix abordables, traitement de texte et imprimante laser permettent d'éviter soumission à la jungle éditoriale et pièges à passionnés (compte d'auteur donc et "ateliers de conception", son dérivé, qui facture la "mise en page" au prix... du matériel informatique). Il ne reste plus qu'à dénicher un imprimeur sérieux et le moins onéreux possible.

Avec l'auto-édition, faire soi-même prend son véritable sens ; une démarche certes marginale et un brin utopiste mais d'avenir, d'auteur-artisan qui fabrique au moindre coût pour vivre son art, continuer, chercher plus loin. Vraiment indépendant et en toute légalité (n° d'éditeur : 2-9506158). Indépendant donc sans réseau de distribution. La grande difficulté. Alors, marcher à la rencontre des derniers liseurs, vendre par correspondance... Un pari catalogué *insensé* mais audacieux. Une école.

« *Tout ouvrage non paru chez un grand éditeur manque de sève et de saveur* » clament des pédants. Une liste, longue, d'incontestables talents partis au combat sans écurie, réfute pourtant cette sentence : Balzac, Diderot, Montaigne, Eugène Torquet (premier prix Goncourt), Lautréamont, Voltaire... Même Marcel Proust paya pour publier *Du côté de chez Swann*.

Finalement, rien n'a changé : c'est à l'auteur de faire ses preuves, envers et contre les marchands.

Historiquement, pouvoir montrer ses textes est une chance : n'oublions jamais que faute d'argent Arthur Rimbaud abandonna *une saison en enfer* chez son imprimeur. Et l'histoire jugera, séparera le mauvais grain de l'œuvre.

Origine de ce texte : *Assedic Blues, Bureaucrate ou Quelques centaines de francs par mois*, 1997

2005 : En vivre...

La propriété littéraire est la plus légitime de toutes.
Emile Zola

Le métier des lettres est tout de même le seul où on puisse sans ridicule ne pas gagner d'argent constatait Jules Renard.
Jules Renard est mort le 22 mai 1910.
L'exigence de vivre décemment de ses écrits reste déplacée. Editeurs, distributeurs, libraires, bouquinistes, imprimeurs, attachées de presse en vivent mais l'auteur est prié de confectionner des best-sellers, au moins 200 000 ventes annuelles, s'il veut en vivre.

Alors que 1000 exemplaires vendus à 18 euros, desquels on soustrait les frais d'impression, donnent 15 000 euros. Avec 100 000 francs français, l'écrivain (non mondain) tient facilement son année. Peut continuer.
Tout auteur vendant 1000 exemplaires est en droit d'essayer de trouver une solution pour en vivre.
En vivre avec 1000 exemplaires ! Mais c'est de la folie mon cher monsieur ! Olivier Bétourné, des éditions Fayard, déclarait au Nouvel observateur du 21 août 2003 : « *Si nous ne vendons que 1000 exemplaires d'un roman, nous perdons 5000 euros* ».

Toute la différence entre l'édition industrielle et l'édition artisanale.
En vivre est une légitime exigence de l'écrivain. Le gâteau à se partager étant le plus souvent restreint, l'écrivain devra conserver au maximum l'argent généré par ses créations.

Et si possible, trouver, inventer, d'autres ressources, des droits dérivés. Internet est une chance.

Eprouver des réticences vis-à-vis de la publicité reste compréhensible mais l'utiliser sur internet devient raisonnable. Utiliser et non s'agenouiller. Des publicitaires désactivent de leur campagne les sites au « contenu non aseptisé »... ce n'est pas grave !

Théâtre de Ternoise et autres textes déterminés.
Page 248

« *Il a été tiré de ce livre quarante exemplaires sur vélin pur fil Lafuma des papeteries Navarre* »...
L'indication d'un faible tirage de collection est fréquent... un jour, en entête des copies numériques, il sera spécifié : « *il a été imprimé deux cents exemplaires papier de ce livre, dont quatre déposés à la Bibliothèque Nationale et un au ministère de l'intérieur dans le cadre du dépôt légal.* »

Le dépôt légal « version numérique » sera un jour reconnu. Il suffira d'envoyer un texte à un serveur officiel dont les données seront sécurisées... le dépôt deviendra même plus fiable...
Certes, ça se dit peu, mais le dépôt légal disparaît parfois... La BNF est une passoire !
Certes, c'est encore raisonnable !... sur 35 millions « d'objets », quinze millions d'imprimés et vingt millions de documents spécialisés... 30 000 ouvrages absents...

Un rapport, *La sûreté des collections*, établi en septembre 2004 par Jean-Noël Jeannerey, président de la BNF, reconnaît les trente mille absences... Principalement des ouvrages des XIXème et XXème siècles. Dont 1183 documents du cœur précieux de la bibliothèque.

Vive le numérique ! Le numérique se copie... et la notion de vol n'englobe plus la disparition du document. Certes, une version numérique peut se détruire... comme un livre brûler... Mais il est plus facile de sécuriser une pièce contenant des milliers de disques durs qu'une passoire poussiéreuse.

Théâtre de Ternoise et autres textes déterminés.
Page 249

2005 : Fournisseur de matières premières ?

L'écrivain peut n'être qu'un simple fournisseur de matières premières. Avec ses manuscrits, il part alors à la recherche d'industriels du livre aptes à transformer ses lignes en objets à promouvoir dans les rayons dits culturels.

Quand il acquiert une notoriété enviée, les industriels campent à sa porte. Il peut se croire puissant mais doit bien savoir que cet empressement cessera dès que sa rentabilité n'atteindra plus le seuil fixé par les actionnaires.

Quelques personnages peuvent se permettre de ne pas se soucier de leur rentabilité : mais ils devront se prévaloir d'un inaltérable indice de notoriété ou / et de pouvoir de nuisance.

Le millénaire a changé, internet bouleverse les us et habitudes, et pourtant, les sommités du livre pensent pouvoir conserver leurs privilèges : l'écrivain doit rester un simple fournisseur de matières premières, parfois millionnaire, souvent décoré, toujours un peu chouchouté mais en dépendance.

L'écrivain pourra écrire sur *la Liberté*, signer des pétitions au nom de cette *Liberté chérie*, proclamer *Vivre Libre* mais si l'industriel qui le cornaque vend aussi des armes, il sera prié de ne pas aborder certains sujets ; devant son patron, il redeviendra tel un jeune diplômé signant son premier contrat, il ne mordra pas la main qui le nourrit.

L'écrivain doit être tenu en laisse.

Des écrivains prétendent « *non, mon éditeur ne touche jamais une phrase de mes manuscrits* »... Pauvres auteurs ! Tellement imprégné par la situation, l'inconscient ne laisse même plus filtrer une seule ligne susceptible de déplaire. Formatés. Vivre libre est un sujet de livres, non un mode de vie. Nous voulons voir uniquement les têtes validées par un comité de lecture industrielle. Et les politiques servent et serviront notre cause. Ils savent bien n'avoir rien à gagner avec quelques marginaux. Ils savent bien avoir tout à perdre en s'opposant aux éditeurs. Les éditeurs sont indispensables à la littérature !

S'il n'y avait pas d'éditeur, le monde n'aurait jamais vu naître Socrate, Sénèque, Bouddha, Schopenhauer !

Oui, imprimez cette déclaration. Elle finira par être reprise et plus personne n'osera la contredire.

Notez « citation vue à la télé » ou « lue sur internet ».

Naturellement, tout écrivain du troisième millénaire tenté par la liberté d'entreprendre en s'établissant travailleur indépendant sera censuré par les médias amis des industriels. Et si malgré ça, il réussit à en vivre, il sera systématiquement brocardé comme aventurier capitaliste, évidement indigne des vertueux cercles d'écrivains. Ouvrez des écoles d'écrivains et inscrivez au fronton : « suivre le chemin indiqué est la clé de votre talent ».

Théâtre de Ternoise et autres textes déterminés.
Page 246

Aurélie Filippetti n'a rien inventé sur le sujet ! Déjà en 2005 je notais « *Les éditeurs sont indispensables à la littérature !* » Certes avec ironie.

La grève générale des écrivains

Histoire possible ?

Désormais la qualité d'auteur-éditeur est quasiment synonyme de celle d'écrivain. Les textes ne sont pas forcément meilleurs mais au moins quand l'auteur vend des livres ou captive des internautes, il vit de sa plume.
Mais pour en arriver là, une grève de la publication fut nécessaire. Dans quel pays ?

L'année désormais qualifiée « - 2 » par « le nouveau calendrier de la littérature francophone », comme chaque fois depuis des décennies, des records furent pulvérisés, celui du nombre de livres publiés à la rentrée dite « littéraire de janvier », celui du nombre de livres publiés à la rentrée dite « littéraire de septembre », et naturellement le nombre total de livres publiés.
Quelques médiatiques exultaient « *quelle merveilleuse époque, il n'y a jamais eu autant de diversité....* » Les joyeux éditeurs vivaient une époque formidable, auteurs enchaînés et subventions à la pelle… Quelques écrivains avaient gagné à leur loterie et jubilaient.
Dans chaque région, le Conseil Régional s'était découvert une justification culturelle : grand argentier du livre, par l'intermédiaire de son CRL, Centre Régional des Lettres et avec le soutien de la DRAC, Direction Régionale des Affaires Culturelles, un service du ministère de la culture et de la communication.

Naturellement, tout auteur convenablement reconnu ou soutenu par les réseaux les plus efficaces, cumulait les subventions et bourses. En plus des « aides en régions », le

Centre National des Lettres apparaissait comme une fabuleuse victoire d'un système à la soviétique, avec ses commissions spécialisées par disciplines, où siégeaient naturellement des petits filous aseptisés, devenus apparatchiks choyés. Ils se cooptaient ! Des rapports de la Cour des Comptes pointaient bien le flou de l'attribution de ces colossales sommes mais peu de journaux relayaient l'information. Nul ne semblait pouvoir inquiéter une telle institution, autoproclamée gardienne du temple de LA LITTERATURE. Un coup d'état culturel incontestable.

Le politique était le véritable patron de l'écrivain. En tolérant de telles pratiques et en agitant la carotte des interventions en milieu scolaire. Gloire à Jack Lang !, instigateur de la classe à Projet Artistique et Culturel, popularisée sous l'abréviation PAC, sûrement pour mieux sous-entendre que l'intervenant se pacsait avec le politique.
Toute ville de taille dite raisonnable, participait naturellement à cette grande confiscation de la culture en proposant des « résidences d'artistes. »
Et les médias, où écrivaient la majorité des écrivains subventionnés, médias aussi abreuvés de subventions, soutenaient cette culture.
Ces subventionnés avaient une cible favorite : les auteurs de best-sellers, forcément vendus au système… alors qu'eux, eux oui, étaient l'intégrité même ! Et ce genre de sophisme trouvait oreilles !

Les éditeurs vivaient une époque formidable : être publié ouvrant les vannes financières officielles, ils pouvaient verser des droits d'auteur à minima… tout en bénéficiant aussi de subventions !… Ils étaient tellement indispensables à ces auteurs en quête de reconnaissance !... et les écrivains se battaient pour « être éligibles », appartenir à ces grandes écuries. Après, naturellement, le véritable travail du vénérable privilégié dont le nom est sur la couverture, consistait à choisir et entretenir des relations.

Forcément, pour la majorité de ces édités, les droits d'auteur n'atteignaient parfois même pas les cent soixante-quinze euros symboliques et le seul article restait celui du quotidien départemental... un bon article... le plus souvent parce qu'ils l'avaient écrit. Deux mois plus tard, plus personne n'avait le cynisme de questionner ces écrivains sur « l'accueil général réservé à leur dernier bébé. » Une déclaration de Guillaume Durand au *Figaro*, servaient d'explication à certains : « *il n'y a pas de public aujourd'hui pour une émission purement littéraire, sinon on ferait 3% d'audience.* » Ces écrivains prompts à vilipender la télévision ajoutaient, « 3% d'audience, même à 22h45, ça m'aurait suffi pour faire démarrer ce livre, et après, nul doute, que tel *La première gorgée de bière* de l'autre, aujourd'hui je pourrais arrêter ce travail absurde qui m'empêche de me consacrer pleinement à ma vocation. »
Ces écrivains subventionnés se proclamaient naturellement « *écrivains par vocation.* » Un peu médiums ajoutaient certains pour bien marquer leur appartenance à une catégorie presque divine.

Puis il y eut la grève. Un obscur, un type n'ayant même jamais publié chez « un vrai éditeur », comme le microcosme littéraire s'exprimait alors, un type indépendant, un travailleur indépendant, un auto-édité.
Un dangereux révolutionnaire ! Même pas un syndicaliste.
Un rationnel comme il s'est décrit.

Il n'en était pas à son coup d'essai, ce Stéphane, puisque quelques années plus tôt, c'est au compte d'auteur qu'il s'était attaqué.

Le compte d'auteur était alors la solution conseillée aux auteurs refusés par les éditeurs, éditeurs disons « classiques. »

Le compte d'auteur, c'était : pouvoir publier avec le nom d'un éditeur sur son livre… mais un éditeur qui facturait l'impression du livre et une kyrielle de frais annexes.

Pauvres plumés !… quelques-uns sont rentrés dans leurs frais en vendant l'intégralité des livres imprimés. Certains n'avaient même pas cette possibilité : pour le prix d'une voiture ils recevaient cinq ou dix livres !

Quant à notre travailleur indépendant, il vivait d'une autre voie : l'auto-édition. Il était son propre éditeur. Naturellement, les notables des lettres avaient facilement réussi à faire assimiler cette pratique à « une forme de compte d'auteur où grouillent des auteurs sans valeur puisque non reconnus par un véritable éditeur. »

Le mépris n'éclaboussant que ceux qui commettent l'erreur de vivre près de ces gens au mépris en guise d'intelligence, notre travailleur indépendant traça sa route. Après quelques slogans infructueux comme « l'auto-édition est l'avenir de l'édition », il avait eu l'idée de rapprocher littérature et boulangerie. Le pain et les bouquins.

« Alors que le monde du pain a su clarifier la situation en exigeant de toute boulangerie des pratiques dignes de ce nom, le monde de l'édition laisse des arnaqueurs s'affubler du terme d'éditeur, qui devrait être honorable. Et ainsi les plus jeunes tombent dans un piège où ils perdent leurs illusions et même leur envie d'écrire. »

Ce court paragraphe, publié à la une du site internet

www.auto-edition.com, fut consulté par le ministre de la culture... alors en quête de bonnes idées !... Cette logique le charma, et quelques mois plus tard, à l'unanimité, le parlement votait une loi promulguée sous le nom de Ternoise... quart d'heure de gloire du travailleur indépendant !

En cette année qualifiée –2, c'est avec la prostitution qu'il rapprocha l'édition. La prostitution où les prostituées étaient parvenues à se libérer de l'emprise des macs alors que l'écrivain restait le parent pauvre de l'édition, se contentant de miettes quand d'autres s'engraissaient.
Le recours à Georges Simenon fut apprécié. Le Georges Simenon déclarant : « *Je déteste que l'écrivain soit frustré d'une grosse partie de son travail et du fruit de son travail par des gens qui gagnent beaucoup plus que lui-même. Vous connaissez beaucoup d'éditeurs qui ont des châteaux, des hôtels particuliers etcetera ; voulez-vous compter sur les doigts le nombre d'écrivains qui en ont ?* »
Et sa petite logique a convaincu : seulement 400 romans à la rentrée de septembre.
Les éditeurs, les libraires, se voulurent optimistes et répandaient dans les médias le raisonnement d'une de leurs sommités : « les mauvais se sont effacés. Cette année les livres publiés trouveront leur public, ne seront plus parasités par ces quelques ingrats envers leur éditeur, éditeur qui avait eu la bonté de miser sur eux en sachant qu'il leur faudrait sûrement dix livres avant de devenir véritablement écrivains. »

« *Auto-édition piège à cons* » fut leur hymne. Quelques semaines ils pavoisèrent sur les plateaux de télévision. Ternoise accepta le débat.
Il avait naturellement préparé sa répartie : « un slogan

n'est jamais neutre. Celui-là se réfère à *élections piège à cons*. On sait qu'un pays sans élection est une dictature. Ce modèle est peut-être le vôtre ! Mais ma préférence va à la démocratie, à la liberté d'entreprendre. Le débat existerait si vous le situiez au niveau de l'écrivain, du plus que vous lui apportez. Votre plus, aujourd'hui, ce n'est que dans la diffusion, et uniquement parce que vous tenez les canaux de diffusion, les distributeurs, cette porte d'accès aux librairies et aux rayons des grandes surfaces. Vous usez et abusez de cette distorsion de concurrence. Alors vos slogans, merci, gardez-les pour vos dîners mondains. »

Audience du débat surmultipliée grâce à internet et les quelques trois cents écrivains lancés dans l'aventure active du boycott.

« *Quitte à ne pas vivre de sa plume, que personne n'en vive.* » Les écrivains découvraient qu'ils gagnaient plus en présentant gratuitement des textes sur leur site internet qu'avant, avec les sacro-saints droits d'auteur. Ils touchaient ainsi des « revenus dérivés », issus de la publicité sur les sites.

Et l'année suivante, alors que les éditeurs s'attendaient à un retour des ces entêtés internétés comme ils les appelaient… ce fut la catastrophe générale, les plus faux-culs justifiant leur non remise de manuscrit par une difficulté à placer le point final.

Même quelques auteurs de best-sellers firent l'impasse sur cette année-là. En solidarité !

Les éditeurs créèrent un comité, réclamèrent des subventions naturellement obtenues. Mais la vérité fleurissait sur les sites internet. Et il suffisait qu'un des écrivains inféodés, signe un article du genre « ne laissons pas des aventuriers détruire le monde de l'édition » pour qu'un appel au boycott le contraigne à reconnaître avoir pondu ce texte sous diverses amicales pressions.

Les auteurs se plaçaient enfin au centre du monde littéraire et le grand public se mit à acheter directement sur leur site. L'écrivain se libérait de l'emprise des intermédiaires, il écrivait, éditait, parfois uniquement en version numérique, le plus souvent encore fournissait « un vrai livre imprimé sur du vrai papier par un vrai imprimeur. »

Désormais la qualité d'auteur-éditeur est quasiment synonyme de celle d'écrivain. Les textes ne sont pas forcément meilleurs mais au moins quand l'auteur vend des livres ou captive des internautes, il vit de sa plume.

Ironie de l'histoire : ce Ternoise ne publie plus ! Mais une indiscrétion nous permet d'affirmer que sa fille présentera en mars son premier roman.

Théâtre de Ternoise et autres textes déterminés.
Page 281

Du livre papier au travail de l'écrivain.

Le « livre papier » a imposé des normes, des bornes : une seule forme (roman, essai, nouvelles...) et un thème.

Des professionnels, libraires, bibliothécaires, chroniqueurs, éminences ministérielles, exposent doctement : « Si vous sortez de ces exigences, la classification devient ingérable, un document doit s'insérer dans une catégorie facilement identifiable et répertoriée par les us et coutumes. » Il faut pouvoir ranger les bouquins !

Un jour le livre papier sera rangé, bien rangé, ne sortira presque plus des rayons et cartons. Des classiques aux nouveautés, tout sera numérisé. Et les écrits « libres de droits » (soixante-dix ans après la disparition de leur auteur, sauf exceptions pour faits militaires, ou avant conformément à sa décision) seront enfin accessibles gratuitement.

2006 est au cœur de la période de transition : la vie d'une œuvre ne se limite déjà plus à sa lecture sur feuillets reliés ou aux « bonnes pages » reprises par un magazine : la version numérique peut circuler librement sur la toile. Certes nettement moins qu'une chanson. Simplement pour des raisons techniques : convertir un fichier musical numérique en fichier musical numérique allégé, genre MP3, aisément transmissible et lisible, se réalise en quelques clics quand scanner un livre exige, pour un résultat correct, de le désosser, détacher page par page... et il reste plus pratique d'écouter de la musique près d'un ordinateur, avec un son correct, ou graver un CD, la télécharger sur un Ipod, que de lire les caractères agressifs d'un écran, en position figée (imprimer des centaines de pages nécessitant un courage supérieur à la moyenne).

Je pratique la distribution des versions numériques depuis déjà des années, d'une manière sûrement prétendue marginale par des sommités... d'une manière me permettant... de continuer, d'en tirer des ressources nécessaires et suffisantes... grâce aux « droits dérivés », indépendants du texte, la communication de « liens commerciaux » aux internautes intéressés par mon catalogue automnes-hivers, printemps-étés (comédies-vers, romans-essais).

Pour vraiment continuer, l'écrivain doit vivre de ses écrits. Idéal rare ! Ainsi la majorité des installés paradent avec leur bibliographie de best-sellers mais cachetonnent les critiques et chroniques (naturellement ils encensent les auteurs de leur chapelle, leur éditeur).

Mes livres se vendent peu, mes écrits connaissent une audience nettement supérieure à celle de la majorité de mes presque confrères.

Albert Einstein toujours d'actualité : « *nous vivons une époque triste. Il est devenu plus facile maintenant de scinder un atome que de casser un préjugé.* »

L'écrivain indépendant n'est pas un véritable écrivain ! L'écrivain doit avoir été validé par un éditeur parisien, véritable institution aux compétences innées, sphinx omniscient... Le citoyen désireux d'utiliser le noble qualificatif devra montrer allégeance afin de recevoir l'adoubement ; il pourra se considérer arrivé quand il obtiendra un prix de référence, de préférence le Goncourt ou le Renaudot.

Nous entrerons dans la carrière quand nos aînés auront ouvert la barrière...

Global 2006, page 9, préface

2007 : Internet et le livre numérique, chances des écrivains

Un article refusé en 2007 par *Le Monde*.

De Stéphane Ternoise

À :
Le Monde des livres
80 boulevard Auguste-Blanqui
75707 Paris Cedex 13

Proposition de texte :
Internet et le livre numérique : chances des écrivains

Tant que des médias de référence continueront à ouvrir leurs colonnes à leurs inféodés, les libraires pourront tranquillement se prévaloir d'un rôle essentiel pour l'édition en France. Et ainsi exiger des subventions, absorber une bonne quantité des aides au nom de leur sacro-sainte défense de la Culture, subventions naturellement plus efficaces pour l'Art que si elles étaient versées aux écrivains.
Jérôme Vidal (Le Monde des Livres, 16 février 2007) se place dans cette perspective : tout en reconnaissant « *la politique d'aide à la librairie de l'Etat, fondée sur une économie livre vouée à disparaître* », il n'invite nullement à rediriger vers les créateurs cet argent public mais « *à aider les libraires à entrer dans l'âge numérique.* »

Moins d'un mois plus tard (9 mars), c'est une forme de continuité qu'offre le même supplément, à Baptiste-Marrey, officiellement écrivain, avec un titre auquel je

71

répondrais un énorme OUI, « *le livre peut-il se passer de libraires ?* » Ce n'est naturellement pas la position du chroniqueur.

La réflexion juste n'est pas absente : « *en contrôlant la distribution, on est inévitablement amené à contrôler la production, comme le montrent les grandes surfaces* » ou « *les grands groupes éditoriaux publient, distribuent, vendent et font commenter favorablement les titres qu'ils produisent* ».

En exergue, un postulat erroné « *dans notre société, toute la vie culturelle est subventionnée (cinéma, télévision, radio, théâtre, danse, musique, arts plastiques) ; seuls les libraires vivent de littérature et d'eau fraîche.* »

Il l'ignore sûrement mais des créateurs refusent toute subvention, par certitude des effets nocifs : la subvention contrôle le créateur, l'oriente (il doit présenter un passé conforme et s'engager dans un avenir tracé) et l'oblige à côtoyer des « administratifs » (cruelle perte de temps) ; plutôt vivre pauvrement ! C'est le prix de l'indépendance.

Quant à l'eau fraîche : « *un million d'euros par an est alloué depuis 2003 par l'Etat aux commerces de proximité proposant des biens culturels* » (Le Monde du 12 mars). Auxquels il convient d'ajouter les aides du Centre National du Livre, de l'Association Pour le Développement de la Librairie de Création, des Directions Régionales des Affaires Culturelles et Conseils Régionaux.

Sa solution : argent public ! Encore plus d'argent public donc ! Subventions de l'Etat et tarif postal privilégié. Pas pour les éditeurs mais pour les libraires !

Une analyse sémantique confirme le rôle secondaire de l'écrivain dans cette propagande : en cinq colonnes, 23 fois le terme livre(s), 11 librairie(s), 5 libraire(s) et zéro pour écrivain. Mais « auteur » est présent. Une fois. Dans une phrase au moins apocryphe, sur la relation au net.

Baptiste-Marrey en a une vision certes étriquée « *internet enfin permet l'accès au livre que l'acheteur sait vouloir acquérir, mais ne permet pas de découvrir l'auteur ou le livre inconnu vu par hasard et tenu en mains propres chez le libraire.* » Deux contrevérités dans une seule phrase. Comme si l'auteur indépendant pouvait se retrouver visible chez les libraires... alors qu'il peut l'être avec un très faible investissement sur le web.

La question fondamentale : si les collectivités ont de nombreuses subventions culturelles à distribuer : est-il plus décent que libraires ou écrivains vivent du travail des écrivains ? Qui rapprochera le nombre d'écrivains vraiment professionnels (sans « ménages » à côté) et celui du nombre de libraires, certes prompts à se plaindre mais financièrement privilégiés ?

Que faire face au systématisme de leur propagande ? Créer des sites.

Oui, internet bouleversera en profondeur le monde du livre.

Même les sommités encore récemment sarcastiques pérorent désormais dans ce sens. Mais s'il s'agit de simplement remplacer des librairies en centre-ville et des grandes surfaces par des librairies virtuelles genre amazon, alapage, fnac ou sites émanations de « grandes librairies », l'immense espoir suscité par cet univers numérique accoucherait d'un simple changement de marchands !

La véritable interrogation : internet peut-il réellement changer la vie des écrivains ? Mettre l'écrivain au centre ? Lui ôter ses parasites ?

Oui à la disparition des libraires, non à leur remplacement

par des marchands poussés par la même voracité (que le support soit le livre papier ou numérique, la seule différence pour le créateur est la suppression d'un façonneur, l'imprimeur, différence quantifiable : environ 10% du prix de vente actuellement ; le livre papier s'effacera quand son équivalent numérique sera plus pratique, tout simplement, comme se sont éclipsés les supports précédents). Utopie ?

Certes, nous prenons tout droit la direction d'une reconduite sur internet des marges pratiquées dans « le monde réel ».

La majorité des écrivains et même des éditeurs sont formels : il ne peut en être autrement ! Personne ne doit voir les initiatives du « commerce équitable du livre », sites où les éditeurs peuvent vendre directement, sans la moindre marge à laisser.

En ôtant les frais bancaires, d'envoi, d'imprimeur, TVA, il reste près de 75 % du prix du livre pour l'éditeur et l'auteur. En version numérique 80,4 % (mais un jour la TVA du livre numérique passera également à 5,5%, quand « vive le livre numérique » sera le refrain préféré des écrivains) moins la marge du système de paiement en ligne (le chèque sans frais existe toujours mais il nécessite un timbre de l'acheteur).

Impossible ? « On » vous le fait croire... Tellement d'intérêts en jeu !

Les internautes ignorent d'ailleurs le plus souvent que 28 à 40 % du prix d'un livre reste chez le libraire (en ville ou virtuel), quand 10 % s'est déjà évaporé chez le distributeur (intermédiaire entre l'éditeur et le libraire). Internet peut donc permettre aux créateurs de se réapproprier cette somme. C'est là le véritable défi du numérique. Quant à l'argent des collectivités, pour l'instant il constitue une « concurrence déloyale » pour les initiatives des webmasters indépendants. Combat perdu d'avance ? Il suffirait d'une prise de conscience, de l'implication de quelques auteurs, de quelques éditeurs, l'ouverture des colonnes de quelques médias...

Stéphane Ternoise
Ecrivain indépendant depuis 1992 (professionnel depuis 2003)
Auteur *Global 2006*, publié le 7 janvier 2007.
Créateur des sites
www.salondulivre.net (premier prix littéraire de l'année, décerné chaque 1er janvier à la première seconde)
A lancé fin 2006 : www.salondulivre.biz salon du livre équitable.

Courrier (adresse officielle diffusable) :
Jean-Luc PETIT – BP 17 - 46800 Montcuq
Réponse par mail le 12 avril 2007 à 9 heures 49 :

Monsieur,

Nous vous remercions de votre envoi, mais nous n'avons pu retenir l'idée de sa publication dans notre rubrique Forum.
Cordialement à vous.

Pk

Pk : pour Patrick KECHICHIAN

From: KECHICHIAN Patrick
To: cjdistrib@aliceadsl.fr
Cc: MONDE-DES-LIVRES
Sent: Thursday, April 12, 2007 9:49 AM
Subject: RE: proposition de texte TERNOISE

J'avoue : très mince fut l'espoir d'une publication. Un simple billet de loterie donnant également le courage d'une mise au propre rapide après l'écriture.

Je comprends leur position (je me suis désabonné du *Monde* depuis longtemps !) : texte impubliable dans des colonnes tellement liées à l'univers de l'édition traditionnelle.

Oui aux idées novatrices, même iconoclastes... à condition qu'elles n'égratignent pas l'édition. Ils ne vont quand même pas déclencher un tsunami qui pourrait emporter les vaillants combattants des coteries parisiennes.

Même les points contestables des chroniques publiées par *Le Monde* ne peuvent être contestées dans ce supplément ? Ou alors, sûrement, car il s'agit bien d'un quotidien de débats, est-il nécessaire de "faire autorité en la matière." Et comment fait-on autorité dans cette matière : ah, il faut être autorisé par les éditeurs qui peuvent ainsi envoyer leurs inféodés participer à de grands et beaux débats où jamais leur rôle suprême ne subira de contestation. Comme c'est beau, un débat, dans ces journaux d'opinions !

IV

Avant nous... Organiser l'auto-édition... De Charles Babbage à Abel Clarté en passant par Honoré de Balzac.

Un écrivain est un solitaire. Alors que ceux qui font des affaires savent se regrouper, se syndiquer, s'organiser pour défendre leurs intérêts. Chez les créateurs, aucune organisation n'est représentative. Que ce soit la sacem, une oligarchie, pour les auteurs compositeurs ou la SGDL pour les écrivains.

Balzac et son idée de société des écrivains présentée dans sa "*lettre aux écrivains français*" (1834), qui aboutira à la création de la SGDL, avec Alexandre Dumas et Victor Hugo comme symboles. La SGDL sur laquelle les écrivains ne peuvent plus compter.
Dans une démarche purement d'auto-édition (Balzac également essaya l'indépendance, s'y ruina) : Charles Babbage (1791 - 1871) qui expliquait déjà presque tout de l'édition dans "*l'économie des machines et des manufactures*" et Abel Clarté (1904 - 1996), créateur en 1975 de l'Association des auteurs autoédités et "inventeur" du terme auto-édition.

Face aux lobbies les tentatives d'organiser la lutte des écrivains ont échoué, même si la SGDL d'alors a permis de nombreuses avancées.

De Charles Babbage (1791 - 1871) à Abel Clarté (1904 - 1996) en passant par Honoré de Balzac (1799 - 1850)
Le titre de cette partie... Certes Charles Babbage est né 8

ans avant Honoré de Balzac mais il est décédé 21 après l'auteur des *illusions perdues*. (Ah ! Combien de portraits aurait-il ajouté à *la Comédie humaine* en trois décennies... autre sujet !)

Traité sur l'économie des machines et des manufactures fut publié en France en 1833, dans une traduction d'Édouard Biot, ayant utilisé la troisième édition de l'essai, et l'année suivante fut écrite la *Lettre adressée aux écrivains français du XIXe siècle* par Honoré de Balzac.

Charles Babbage et Abel Clarté ? Mais d'où les sortez-vous ? De l'histoire de l'auto-édition ! Celle qu'il m'arrive de rédiger...

- Charles Babbage : traité sur l'économie des machines et des manufactures (extraits).

- Lettre adressée aux écrivains français du XIXe siècle par Honoré de Balzac

- Abel Clarté, au nom du père du nom auto-édition ?

Charles Babbage : traité sur l'économie des machines et des manufactures.

Quel rapport avec notre sujet ? Cette lecture semblera longue et fastidieuse à certains. Néanmoins ce texte "fondateur", quasi inconnu, m'apparaît nécessaire, dans ces extraits choisis, à ce manifeste.

Le CHAPITRE XXXI, intitulé "*Des coalitions des maîtres fabricants contre le public.*"

376. Quelquefois les fabricants forment contre les inventeurs brevetés une sorte de coalition toujours nuisible au public et complètement injuste pour l'inventeur. Il y a quelques années, un ingénieur inventa une machine qui découpait toutes sortes de ciselures et d'ornements en acajou ou en d'autres bois de haut prix. Cette mécanique ressemblait assez à la fraise du tour à ornements ; elle opérait très bien et à peu de frais ; mais les ébénistes s'entendirent ensemble, se coalisèrent contre la nouvelle invention, et le brevet ne fut jamais employé dans le commerce. Tel fut aussi le sort d'une mécanique à débiter des pièces de placage avec une espèce de couteau qui donnait des plaques plus minces que la scie circulaire, sans la moindre perte de bois : il se forma contre elle une coalition générale de tous les gens du métier, et après une dépense considérable, elle fut abandonnée par son inventeur.

Les exemples de coalitions semblables ne sont pas rares, à ce qu'il paraît d'après le rapport du comité de la chambre sur les brevets d'invention ; rapport présenté en juin 1829.

[Ne vous désespérez pas ! Les articles au cœur de notre

sujet arrivent... mais il me semble intéressant de vous présenter le premier de ce chapitre. Le suivant également, d'ailleurs ! Crochets : note de Ternoise]

377. Je passerai de suite à une autre sorte de coalition contre le public, avec laquelle il est impossible de transiger, et dont le résultat ordinaire est la création d'un monopole véritable. Alors le public se trouve à la merci des monopoleurs, qui savent le tenir dans un état ordinaire de plaintes, de manière à ne pas dépasser le point critique, le point où l'abus devient criant et excite une attaque universelle. Cet inconvénient se présente souvent quand deux compagnies sont en concurrence pour la fourniture de l'eau ou du gaz dans les habitations d'une même ville, au moyen de tuyaux placés sous le pavé des rues. Il peut encore se présenter dans les constructions de docks, de canaux, de chemins de fer, en général dans toute occasion où il faut un capital considérable et où la concurrence est limitée. Si ces compagnies pour la fourniture du gaz ou de l'eau se réunissent, le public perd de suite tout l'avantage de la concurrence, et c'est ce qui arrive généralement. Après qu'elles se sont fait une guerre plus ou moins longue en baissant leurs prix, elles finissent par se rapprocher, par diviser en deux sections, ou en un plus grand nombre, l'espace entier qui doit être desservi, et chacune retire ses tuyaux des rues assignées à son ancienne rivale. Ce déplacement, très contraire à la solidité du pavé, se reproduit encore quand une surcharge dans les droits imposés par le gouvernement force une nouvelle compagnie à se liquider. Un moyen de remédier à cet inconvénient grave des réunions de compagnies consisterait à insérer dans leurs actes une clause qui limiterait le taux de l'intérêt à répartir sur les actions, et qui ordonnerait de consacrer les revenus excédants à

l'amortissement du capital primitif. Une clause semblable a été insérée dans divers actes du Parlement délivrés à de nouvelles compagnies....

[Et passons au 380. Je vous rappelle que ce texte fut écrit dans les années 1830. Donc un siècle avant la naissance de Jacques Chirac.]

380. Il existe encore aujourd'hui une puissante coalition d'une autre nature, qui exerce son influence sur le prix de ce livre même et des pages où je vais décrire ses effets. J'entrerai dans des détails assez étendus sur ce sujet, qui me semble assez intéressant pour le lecteur, et bien plus encore pour chacun de ceux qui fabriquent l'objet de sa consommation.

Dans le chapitre XX nous avons indiqué les différentes parties dont se compose le prix de confection de chaque exemplaire de cet ouvrage ; nous avons montré que ce prix revient en totalité à 2 shillings 3 d. (2 fr. 80 c), abstraction faite de toute rétribution pour le travail de l'auteur.
Un fait que le lecteur connaît encore mieux, c'est qu'il a payé ou qu'il doit payer 6 shillings (7 fr. 50 cent.) pour acheter cet ouvrage. Examinons maintenant la répartition de ces 6 shillings : une fois les faits bien établis, nous pourrons mieux juger du mérite de la coalition des libraires, et mieux expliquer ses divers effets.

Distribution des profits réalisés sur un ouvrage qui se vend 6 shillings.

N° 1. L'éditeur, qui tient compte à l'auteur de chaque exemplaire, achète cet exemplaire pour 3 shillings 10 d., et le vend 4 shillings 2 d. Il réalise donc un profit de 10 pour 100 sur le capital déboursé.

N° 2. Le libraire qui vend en détail achète l'exemplaire pour 4 shillings 2 d. par souscription, ou autrement pour 4 shillings 6 d., et le revend au public 6 shillings. Il réalise dans le premier cas 44 pour 100 ; dans le second 33 1/3, sur son propre capital.

Le n° 1, où l'éditeur, est un libraire qui devient l'agent de l'auteur : son travail consiste à recevoir la marchandise, à la prendre à sa charge, en fournissant une salle pour l'entreposer, à tenir l'auteur au courant des époques et des moyens convenables pour annoncer la nouvelle publication, enfin à faire insérer les annonces. Comme il est l'éditeur d'autres ouvrages en même temps, il en réunit plusieurs dans une même annonce ; ce qui diminue ses frais pour chaque ouvrage en particulier.
Il paie l'auteur seulement au fur et à mesure de chaque exemplaire qu'il vend ; conséquemment il ne fait aucune avance de capital, si ce n'est pour les annonces ; mais il est responsable de tout paiement arriéré sur les exemplaires vendus. Il gagne ordinairement 10 pour 100 sur les paiements qui lui sont faits.

Le n° 2 est le libraire qui vend le livre en détail au public. À la première annonce de l'ouvrage, l'éditeur envoie des circulaires aux divers libraires, et leur propose de souscrire pour un nombre d'exemplaires qui n'est jamais au-dessous de deux pour chaque souscripteur. Ceux qui souscrivent obtiennent un rabais de 4 à 5 pour 100 sur le prix de l'ouvrage ; ainsi chaque exemplaire de ce livre a été remis aux libraires souscripteurs pour 4 shillings 2 d., tandis qu'à partir du jour où il a été mis en vente, l'éditeur n'en a plus cédé aux autres libraires qu'à raison de 4 shillings 6 d.
En certains cas il est d'usage de livrer vingt-cinq exemplaires à ceux qui en prennent vingt-quatre ; ce qui

fait une diminution de 4 pour 100 environ : il en a été ainsi pour la vente de ce livre. Les termes de paiement de la souscription varient suivant les éditeurs. Au bout de six mois il est assez ordinaire que l'éditeur ouvre une nouvelle souscription : ce qui permet aux autres libraires, si l'ouvrage est très recherché, de s'en procurer à moindre prix un nombre additionnel d'exemplaires.

381. Le livre ainsi acheté à l'éditeur pour 4 shillings 2 d. ou 4 shillings 6 d., est livré par le libraire au public pour 6 shillings ; le libraire a donc un profit de 44 pour 100 dans un cas, et de 33 1/3 pour 100 dans l'autre. Le moindre de ces profits est certainement trop considérable par rapport au capital employé. Quelquefois, quand un acheteur demande un ouvrage chez le libraire en détail, celui-ci envoie, à l'autre bout de la rue, le chercher au dépôt de la grande librairie, et perçoit, pour ce mince service, un quart de l'argent que l'acheteur lui paie ; peut-être même se réserve-t-il en même temps un crédit de six mois pour payer l'éditeur.

383. Quand l'éditeur sert d'agent intermédiaire entre l'auteur et l'imprimeur, il est d'usage qu'il s'alloue une commission de 10 pour 100 pour tous les paiements qu'il fait. Si l'auteur connaît cet usage avant de commencer son ouvrage, et il en était ainsi dans ce cas particulier, il n'existe plus aucun sujet de plainte ; car l'auteur est libre de se mettre directement en rapport avec l'imprimeur ou de communiquer avec celui-ci par l'intermédiaire de son éditeur.

Cette commission de 10 pour 100 est motivée sur les services que rend l'éditeur en traitant avec l'imprimeur et le graveur sur bois ou sur cuivre, s'il en est besoin. Cette introduction d'un intermédiaire entre l'auteur et l'imprimeur présente un certain avantage, dans le cas où le premier croit trouver trop d'exigence dans les demandes du second. Quand l'auteur est tout-à-fait étranger aux détails de l'imprimerie, il repousse souvent une demande juste et modérée, et ne peut l'apprécier qu'en consultant l'éditeur, qui connaît ordinairement cet art d'une manière approfondie. C'est ce qui arrive ordinairement pour les changements et les corrections, qui, bien qu'insignifiants en apparence, occupent longtemps les compositeurs. On doit aussi observer que l'éditeur, dans ce cas, demeure responsable envers l'imprimeur du paiement de tous les frais de l'impression.

[Intéressants, ces rappels des balbutiements du métier d'éditeur, non ?]

384. Cette intervention d'un agent étranger n'est donc pas rigoureusement nécessaire à l'auteur ; mais elle est très avantageuse à l'éditeur ; et, pour en maintenir l'usage, les libraires soutiennent que l'auteur ne peut faire imprimer son ouvrage, ou se procurer le papier du tirage à meilleur compte, en s'adressant lui-même aux producteurs. Cette assertion est énoncée dans l'enquête de la chambre des communes sur les actes du Parlement relatifs à la propriété des ouvrages, 8 mai 1818.

[De la naissance du couple éditeurs / libraires et de leur entente, pouvons nous dire pour le bien de l'écrivain ?]

Extrait des réponses de M. O. Rees, libraire, de la maison Longman et compagnie.

Question. « Si un auteur publiait un ouvrage pour son propre compte, en supportant les diverses dépenses de cette publication, pourrait-il acheter son papier à 30 shillings la rame ? »

Réponse. « Je ne le pense pas. Un papetier ne vendra pas le papier au même prix à un commerçant et à une personne qui n'est pas engagée dans le commerce. »

Question. « En vous demandant si un particulier qui publierait un livre pour son propre compte paierait plus pour le papier que des personnes engagées dans le commerce, le comité veut savoir si les imprimeurs ne sont pas plus exigeants envers un auteur qui traite directement avec eux, qu'envers un éditeur. »

Réponse. « Je pense que l'imprimeur se réserve ordinairement un bénéfice sur le papier. »

Question. « Pour les frais de l'impression, l'imprimeur demande-t-il aussi un prix plus élevé à l'auteur qu'à toute autre personne engagée dans le commerce de la librairie ? »

Réponse. « On m'a toujours dit qu'il en était ainsi.»

385. Cette distinction, qui taxe les frais de l'impression à un prix plus élevé pour l'auteur que pour l'éditeur, ne semble guère motivée, en admettant que l'un et l'autre présentent les mêmes garanties. Quant au prix du papier, si l'auteur emploie l'éditeur ou l'imprimeur pour opérer cet achat, il est juste que ceux-ci aient un léger dédommagement de leurs risques, puisqu'ils deviennent responsables du paiement. Mais si l'auteur traite lui-même avec le fabricant de papier, il n'y a aucune raison plausible pour qu'il n'achète pas au même prix que l'imprimeur ; et s'il préfère payer comptant, et ne pas profiter des longs termes qu'on accorde pour ces sortes de marchandises, il devrait obtenir un fort rabais sur le prix de son achat.

386. Il est temps de faire disparaître toutes ces conventions arbitraires. Dans un pays dont la richesse dépend essentiellement de son industrie manufacturière, il faut qu'il n'existe pas de distinction tranchée entre les différentes classes, et que les personnes les plus élevées de l'aristocratie se sentent fières d'être unies par les liens de l'amitié aux hommes dont les travaux contribuent à la prospérité nationale. Déjà nos premiers manufacturiers, nos plus riches négociants sont admis dans les réunions de la haute noblesse, et souvent on voit celle du second rang s'associer à des commerçants d'un rang plus ou moins élevé. Il serait beau de voir se développer entre ces différentes classes une rivalité d'instruction et de sentiments libéraux, au lieu d'une rivalité de dépenses ; et rien ne peut mieux contribuer à l'accomplissement d'un si beau résultat que la suppression complète de ces combinaisons étroites dont je viens de parler. Par cette fusion heureuse, les classes riches acquerraient une connaissance plus intime des arts productifs de leur pays ; elles concevraient mieux combien il est important pour elles de s'habituer à l'exactitude et au travail ; et, par-dessus tout, elles sentiraient qu'il est honorable pour toute personne placée dans un rang quelconque de la société, d'augmenter à la fois sa fortune et la richesse de son pays en consacrant ses facultés intellectuelles à créer de la richesse, et à en répartir la jouissance sur tout ce qui l'environne.

387. Dans la première édition j'ai oublié de parler d'une dépense particulière qui entre dans les frais de l'impression d'un ouvrage : c'est la dépense du surplus, suivant le terme technique. Quand un ouvrage est tiré à cinq cents exemplaires, il faut par chaque feuille ainsi tirée une rame de papier. Une rame, telle que l'emploient les imprimeurs,

est composée de cinq cent seize feuilles ; de sorte qu'il y a un excédant de seize feuilles. Cet excédant est ménagé pour les corrections, pour essayer la presse et l'arranger convenablement, pour remplacer les feuilles qui, par accident, pourraient être salies dans le tirage, ou gâtées par le relieur qui les réunit ensemble. Cependant on trouve que la quantité ainsi gâtée ne va pas à 3 pour 100, comme l'indiquerait cet excédant de seize feuilles sur cinq cents, et que la perte diminue si les ouvriers sont adroits et soigneux.

Des déclarations de plusieurs imprimeurs ou libraires de première classe devant le comité de la chambre des communes nommé pour rédiger l'acte du Parlement sur la propriété des ouvrages, il résulte que, sur les tirages au-dessus de cinq cents le nombre des exemplaires de surplus varie de 2 à 3 pour 100 ; qu'il y en a moins sur les petits formats, et plus sur les grands ; que quelquefois on ne tire pas le nombre complet de cinq cents ; enfin, que jamais on ne tire les seize exemplaires de surplus. Pour cet ouvrage-ci qui a été tiré à trois mille exemplaires, il n'y a eu que cinquante-deux exemplaires de surplus ; ce qui a tenu à la perfection des procédés d'impression, et aux soins particuliers des ouvriers qui travaillaient à la presse. Il est juste de tenir compte de ce surplus à l'auteur, et je présume que tout libraire-éditeur estimable en agit toujours ainsi.

388. On a inventé différents moyens pour empêcher l'imprimeur de tirer pour son propre compte un nombre plus considérable d'exemplaires qu'il n'en livre à l'auteur ou à l'éditeur. Dans quelques ouvrages on a incorporé une marque particulière dans la pâte du papier fabriqué spécialement pour ces ouvrages. Ainsi on lit les mots *mécanique céleste* dans le tissu du papier employé pour les

deux premiers volumes du grand ouvrage de Laplace. Quand l'ouvrage est accompagné de planches gravées, une fraude de ce genre serait inutile sans le concours de l'imprimeur en taille douce. En France on a l'habitude d'imprimer sur le dos du titre un avis particulier pour annoncer que tout exemplaire non revêtu de la signature de l'auteur sera considéré comme faux, et l'on joint à cet avis cette signature, écrite à la main ou imprimée avec une griffe en bois. Malgré cette précaution, j'ai dernièrement acheté un ouvrage imprimé à Paris, où l'on trouve cet avis fort prudent, mais où manque la signature de l'auteur. À Londres de semblables fraudes sont moins à redouter, parce que les imprimeurs sont tous des capitalistes qui tiennent trop à leur crédit pour risquer de le compromettre par une fraude de cette nature, qui devrait être connue nécessairement de plusieurs ouvriers. Le danger de la dénonciation devrait leur faire considérer toute tentative de ce genre comme une véritable folie.

[De la mauvaise réputation des imprimeurs français... d'alors naturellement...]

389. Quand un auteur publie pour son propre compte, qu'il n'a que des prétentions raisonnables et qu'il possède un jugement droit, peut-être le meilleur parti pour lui est-il de s'adresser de suite à quelque imprimeur connu, et de traiter avec lui pour tous les frais de l'impression.

390. Quand l'auteur ne veut pas imprimer à ses propres risques, il doit traiter avec un éditeur qui prend à sa charge les frais d'une édition composée d'un certain nombre d'exemplaires ; mais il ne devrait dans aucun cas se dessaisir de la propriété de son ouvrage. Si cet ouvrage renferme des gravures sur bois, ou des planches gravées

sur cuivre, le contrat devra stipuler qu'elles deviendront la propriété de l'auteur, pour qu'il puisse s'en servir dans les éditions suivantes. Souvent le contrat est fait de telle manière, que l'éditeur avance l'argent et court toutes les chances, sous la condition de partager les bénéfices avec l'auteur.

[De la distinction du droit d'éditer un nombre défini d'exemplaires à celle de la propriété de l'œuvre ; les éditeurs ont rapidement obtenu qu'être éditeur signifia posséder les droits exclusifs sur l'œuvre... à condition qu'ils soient clairement spécifiés pour chaque forme de mise à disposition au public, d'où découle, qu'en l'absence de clause sur les droits numériques, ceux-ci appartiennent à l'auteur...]

391. Maintenant que j'ai expliqué les arrangements faits pour l'impression de ce livre, retournons au paragraphe 382, et examinons le mode de répartition des 915 livres 12 sh. (22890 fr.) payés par le public. Cette somme totale se divise comme il suit : 207 livres pour le prix d'impression du livre, 40 livres pour les droits du gouvernement, 362 allouées au libraire pour la distribution du livre au consommateur, et 306 pour la part de l'auteur.

Ainsi la plus forte part, celle de 362 livres sterling (9050 fr.), entre dans la poche des libraires ; et comme ils n'avancent aucun capital et ne courent que peu de risques, cette part excessive semble tout-à-fait déraisonnable. Les 33 pour 100 alloués comme indemnité sur la vente en détail du livre, forment en vérité un bénéfice extravagant.

[Nécessaire de renvoyer cette analyse aux libraires prompts à réclamer des aides malgré leur marge "déraisonnable."]

On prétend que tous les libraires qui vendent en détail accordent à leurs acheteurs ordinaires une remise de 10 pour 100 sur les commandes qui passent 20 shillings, et de cette manière, ce profit nominal de 44 ou de 33 pour 100 se trouve fortement réduit. S'il en est ainsi, pourquoi imprime-t-on sur la couverture d'un livre que son prix est de 2 livres sterling (50 fr.), par exemple, lorsque chaque libraire est prêt à le vendre pour 1 livre 16 shillings (45 fr.) ? Pourquoi ceux qui ignorent cette pratique sont-ils obligés de payer plus cher que ceux qui sont mieux instruits ?

392. On allègue différentes raisons pour justifier ce bénéfice élevé des libraires.

1°. On prétend que les acheteurs prennent en général de longs termes pour leurs paiements. Supposons qu'il en soit souvent ainsi ; dans ce cas on ne peut raisonnablement s'opposer à une augmentation proportionnelle dans le prix de vente pour ces acheteurs ; mais il n'est pas moins évident que celui qui paie comptant ne doit pas être astreint à payer le même prix que celui qui recule le paiement de son achat à une époque assez éloignée.

2°. On soutient que ces grands bénéfices sont nécessaires pour couvrir les grandes dépenses qu'entraîne l'établissement d'une librairie étendue ; que les loyers sont chers, les impôts considérables ; qu'il serait impossible à un grand libraire de tenter toute concurrence avec les petits, si la vente en détail ne lui apportait pas un grand bénéfice. Pour répondre à ces arguments, on peut observer que les libraires ne sont soumis à aucun impôt particulier, étranger aux autres genres de commerce en détail. On remarquera aussi que les grands établissements trouvent toujours un avantage marqué sur les plus petits par l'économie qui résulte de la division du travail, et il est bien peu à présumer que la classe des libraires soit la seule qui n'ait pas cherché à appliquer ce principe à la conduite d'affaires étendues.

3°. Enfin on prétend que ce profit considérable est nécessaire pour indemniser le libraire détaillant du risque qu'il court sur quelques exemplaires qui peuvent rester entre ses mains ; mais il n'est pas obligé d'acheter de l'éditeur principal un seul exemplaire de plus qu'on ne lui en a demandé ; ou bien, s'il achète au prix de souscription au-delà de ses demandes, il prouve par cet achat même qu'il n'évalue pas ce risque à plus de 4 ou 8 pour 100.

[Dans l'importance du rôle, notre éditeur-distributeur semble être le descendant de cet éditeur-libraire]

393. D'un autre côté, on a fait une observation exacte, c'est que plusieurs exemplaires sont gâtés par les personnes qui entrent dans les librairies sans vouloir faire aucun achat. Mais on peut dire aussi que ces personnes, trouvant diverses publications nouvelles sur les tables des libraires, sont souvent engagées par l'occasion à faire un autre achat ; et d'ailleurs cette détérioration de quelques exemplaires ne doit pas s'appliquer à tous les libraires ni à tous les livres. Car il n'est pas nécessaire d'exposer dans la librairie des livres d'un prix élevé ou susceptibles de peu de demandes. Pour cet ouvrage, le bénéfice de la vente en détail sur trois exemplaires paierait le prix entier d'un seul exemplaire gâté par les curieux ; et encore, à une vente publique, on pourrait vendre cet exemplaire à moitié ou au tiers du prix qu'il a coûté réellement. Ainsi ces arguments tirés des mécomptes sur la vente des livres ou des charges

extraordinaires des libraires sont totalement dépourvus de fondement, et ne peuvent être pris en considération dans la question que nous examinons, entre l'éditeur et l'auteur. On doit aussi remarquer que l'éditeur est généralement à la fois libraire en gros et en détail, et qu'outre le profit qu'il retire, en sa qualité d'agent de l'auteur, sur chaque exemplaire qu'il vend, il peut porter au compte de l'auteur chacun de ces exemplaires comme vendu au prix de souscription, ce qui lui permet de réaliser le même bénéfice que ses confrères sur les livres qu'il vend en détail.

394. Hors de Londres il se présente plus de raisons réelles pour justifier le profit considérable que le libraire se réserve sur le public : car ce profit brut est diminué de tous les frais que le libraire doit avancer pour le transport de ses livres depuis la capitale. En outre, il doit payer à son correspondant de Londres une commission fixée ordinairement à 5 pour 100, pour tous les livres que ce correspondant lui envoie sans en être l'éditeur.
Si l'on ajoute un rabais de 5 pour 100 fait aux acheteurs habituels lorsqu'ils paient comptant, et un autre rabais de 10 pour 100 pour les bibliothèques de chaque ville, on trouvera que les profits des libraires, dans les petites villes, ne sont pas trop considérables.

Quelques personnes qui ont critiqué les observations présentées dans la première édition de cet ouvrage, ont admis que le bénéfice apparent, dans le commerce de la librairie, était trop grand ; mais, d'un autre côté, elles ont prétendu que c'était une supposition trop favorable que d'admettre la vente complète des 3000 exemplaires.
Si le lecteur veut se reporter au paragraphe 382, il trouvera que la dépense des trois premiers articles reste la même,

quel que soit le nombre d'exemplaires vendus. En examinant les articles suivants, il trouvera que le libraire, qui court peu de risques, qui ne fait aucun déboursé, retire exactement le même profit par cent sur les exemplaires vendus, quel qu'en soit le nombre. C'est sur le malheureux auteur que retombe toute la perte, sans participation de ceux qui partagent le bénéfice avec lui. Dans les mêmes brochures que je viens de citer on soutient aussi que ce taux élevé du bénéfice des libraires a pour but de les aider à supporter les pertes qu'ils éprouvent nécessairement dans l'achat et la vente en détail d'autres livres qui ne peuvent se vendre facilement ; mais cet argument est le pire de tous : il n'y aurait pas plus d'injustice à ce qu'un marchand quelconque demandât une commission extravagante pour un essai accompagné de quelque risque, en motivant cette commission sur la nécessité de couvrir les pertes qu'il peut faire par sa propre maladresse dans d'autres transactions commerciales.

395. On peut prouver de plusieurs manières que le bénéfice réalisé sur la vente des livres en détail est réellement trop considérable. Premièrement, le commerce de la librairie a conservé le même taux nominal de bénéfice pendant une longue suite d'années, malgré les variations sensibles survenues à diverses époques dans le taux de l'intérêt que rendaient les capitaux placés dans toute autre branche d'industrie. Secondement, jusqu'à ces dernières années, une foule de libraires de Londres se contentaient d'un bénéfice beaucoup plus faible, et quand ils vendaient argent comptant ou même à courte échéance à des personnes bien connues, ils accordaient un prix qui ne leur laissait qu'un bénéfice de 10 pour 100 ; quelquefois même ils se contentaient d'un bénéfice encore plus modique, faisant ainsi un rabais énorme sur les prix portés

dans les annonces. Enfin, le bénéfice actuel de la librairie ne pouvait être soutenu que par une coalition assez forte pour renverser toute tentative rivale, et cette coalition a été fondée, en effet, par un certain nombre des principaux libraires de Londres.

396. Son but principal est d'empêcher tout libraire de vendre un livre quelconque à un prix moindre de 10 pour 100 au-dessous du prix fixé dans les annonces. Pour consolider ce principe, l'association refuse de vendre aucun livre au-dessous de ce prix à tout libraire qui refuse de s'engager avec elle. Insensiblement, beaucoup de libraires se sont réunis à cette coalition puissante, et l'espèce d'interdiction qu'elle jette sur le petit capitaliste retardataire le force de choisir entre deux extrêmes, sa ruine complète ou son adhésion à l'acte général d'association. En dernier résultat, le corps entier des libraires, qui comprend à peu près deux mille deux cents personnes, a adhéré à l'acte d'association.

Une convention aussi désavantageuse à plusieurs des parties contractantes a fait naître des discussions, comme on pouvait s'y attendre : quelques libraires, mis au ban de l'association, soutiennent qu'ils n'ont pas enfreint ses règlements, et accusent leurs adversaires d'user de moyens peu légaux, d'espionnage, etc., pour les faire tomber dans le piège.

397. On trouve un exposé complet de l'origine de cette grande association dans une brochure intitulée "Monopole des libraires", dont l'auteur M. Pickering, de Chancery-Lane, est lui-même de la classe des libraires-éditeurs.

J'ai transcrit de cette brochure la liste suivante des libraires qui forment le conseil supérieur de l'association. Ce conseil est composé de

MM. Allen J. 7 Leaden-Hall-Street.
Arch. J. 61 Cornhill.
Baldwin R. 47 Paternoster-Row.
Booth J.
Duncan J. 37 Paternoster-Row.
Hatchard J. Piccadilly.
Marshall R. Stationer's Court.
MM. Murray J. Albemarle-Street.
Rees O. 39 Paternoster-Row.
Richardson J. M. 23 Cornhill.
Rivington J. Saint-Paul's Church-Yard.
Wilson L. Royal Exchange.

398. De quelque manière que le profit se divise entre l'éditeur et le libraire détaillant, le fait est que le lecteur paie 6 shillings (7 fr. 50 c.) pour le livre qu'il a maintenant entre les mains, et que l'auteur ne reçoit que 3 shillings 10 d. (4 fr. 50 c), sur laquelle somme il doit payer les frais d'impression ; de sorte qu'en passant dans deux mains, le livre a produit un bénéfice de 44 pour 100. Ce bénéfice excessif a amené dans le commerce de la librairie trop de capitaux, et la concurrence de tous ces capitaux a amené le système de la vente au rabais ; système que le comité de l'association s'efforce d'arrêter de toutes ses forces.

399. Cette association est directement contraire aux intérêts du public et des auteurs. Quant au premier, il est difficile qu'il prenne une part active dans la dispute ; aussi lui demande-t-on seulement de soutenir de ses vœux les auteurs dans leurs tentatives pour détruire une coalition aussi opposée à leurs intérêts communs.

Plus d'un honnête libraire se trouverait heureux de vendre pour 5 shillings (6 fr. i5 c.) ce livre que le lecteur a payé 6 shillings (7 fr. 50 c). En vendant ainsi au comptant, le commerçant qui a acheté le livre 4 shillings 6 d. (5 fr. 25 c.) réaliserait encore sans le moindre risque un bénéfice de 11 pour 100 sur l'argent qu'il a avancé. Mais ce bénéfice ne suffit pas aux grands libraires, et leur coalition puissante n'a d'autre but, comme nous l'avons dit, que d'empêcher le petit capitaliste de s'introduire dans le commerce de la librairie et d'y employer son petit capital à un taux d'intérêt qu'il trouverait très avantageux. Il est évident qu'une combinaison semblable est complètement opposée aux intérêts du public.

400. J'ai tiré peu d'avantages pécuniaires de mes productions littéraires et même, d'après la nature des sujets que je traite ordinairement, je sais parfaitement d'avance que leur publication me remboursera à peine de mes avances. Cette position me permettra, j'espère, de présenter sur la question actuelle une opinion aussi indépendante des espérances de l'avenir que des regrets du passé.

Cependant, avant de dresser un plan de campagne contre le quartier des libraires, je crois utile de faire connaître au lecteur la nature des forces de l'ennemi et ses moyens d'attaque et de défense. Plusieurs des principaux libraires, qui sont de la classe des éditeurs, sont propriétaires de Revues, de Magasins littéraires, de journaux périodiques, et même de journaux quotidiens.

Les gérants de ces revues sont souvent très bien payés de leurs soins, et il est peu probable qu'ils jugent toujours avec la justice la plus rigoureuse les livres dont la vente enrichit leur patron.

[de la relation des médias avec les éditeurs... Comme

c'est actuel ! Nous sommes en plein vingtième siècle !... et même vingt-et-unième...]

Naturellement, les grands ouvrages du jour, les ouvrages les plus répandus, sont indiqués avec quelque soin et quelque déférence pour l'opinion publique ; autrement le journal ne se vendrait pas ; et ces articles sont d'ailleurs de véritables spécimens d'impartialité qu'il est avantageux de pouvoir citer dans l'occasion. A l'abri de cet étendard s'improvise une armée de productions éphémères qui doivent à la revue un succès passager, et par ce procédé ingénieux, on voit se dégarnir continuellement et les boutiques des libraires et les poches du public. Tel est le développement singulier de ce système, que plusieurs de nos publications périodiques devraient être regardées purement comme des machines propres à annoncer les nouveaux ouvrages. Pour que le lecteur se tînt bien en garde contre ces moyens cachés d'influencer son jugement, il faudrait qu'il pût s'assurer si le livre examiné est publié ou non par le libraire qui est propriétaire de la revue : ce qu'il peut reconnaître quelquefois par le titre du livre, imprimé en tête de l'article.

[il faudrait de nos jours que le lecteur puisse s'assurer qu'un même groupe ne chapeaute pas le média et l'éditeur mais surtout que le critique n'a aucune relation contractuelle avec l'éditeur du livre conseillé...]

Mais ce ne serait pas là une épreuve assez sûre, parce qu'il existe entre les maisons de librairie des conventions relatives à diverses publications, et que ces conventions sont généralement inconnues au public. En résumé, on ne pourra jamais avoir la moindre confiance dans les jugements des revues, tant qu'on ne présentera pas au public des recueils de ce genre, dans lesquels les libraires n'auront aucun intérêt.

[En presque deux siècles, nul n'a trouvé de bonne solution ; ah ! qui n'a pas rêvé de lancer un journal totalement indépendant et objectif !]

401. Pour renverser cette coalition des libraires, il faudrait lui opposer une contre-association des auteurs. [Remplaçons libraires par éditeurs : "pour renverser cette coalition des éditeurs, il faudrait lui opposer une contre-association des auteurs." Que pensez-vous de cette phrase ? Est-elle scandaleuse ou logique en 2012 ?] Une association de ce genre formée dans le monde littéraire et dirigée par un comité actif pourrait produire de grands résultats.

Elle devrait choisir une personne habile dans le commerce de l'imprimerie et de la librairie, et l'établir comme son agent dans quelque point central de la capitale. Chaque membre de l'association aurait la liberté de confier à cet agent la vente d'un ou de plusieurs de ses ouvrages, et pourrait lui permettre d'insérer dans chaque exemplaire un catalogue des livres publiés par les autres membres de l'association, les frais de cette insertion étant à la charge des auteurs des livres qui seraient ainsi annoncés. Les fonctions de l'agent consisteraient à vendre au public, en détail et toujours au comptant, les livres publiés par les membres de l'association ; à vendre aux libraires, à des prix convenus, les exemplaires que ceux-ci pourraient désirer ; à faire insérer dans les journaux ou à la fin des ouvrages publiés par les membres, toute espèce d'avertissement, suivant l'ordre qu'il en recevrait du comité ou des auteurs ; à dresser un catalogue des ouvrages des membres de l'association ; à être l'agent de tout membre de l'association pour passer les traités avec les imprimeurs.

Une combinaison semblable présenterait encore d'autres

avantages : comme chaque auteur se réserverait la liberté de mettre à ses productions le prix qu'il jugerait convenable, le public aurait l'avantage de deux réductions simultanées sur le prix des ouvrages, l'une provenant de la concurrence entre les auteurs qui traiteraient le même sujet, l'autre du mode plus économique adopté pour la publication.

[Une raison me semble avoir condamné à l'impossible réalisation cette approche : trop de mauvais livres ! Au point que l'on ne pourrait distinguer les insertions louangeuses à juste titre des autres ; certes, dans la chronique traditionnelle, le même travers a réussi... mais surtout dans des "suppléments"... on peut douter de la viabilité économique des "informations" basées sur la glorification des "alliés." De plus, pour l'auto-édition, l'édition naturelle à cette époque, il semble difficile de réunir sous une même bannière des êtres plutôt solitaires... et souvent persuadés de dépasser en valeur leurs confrères... Mais cette idée de contre-association doit être retenue : il s'agit de bien définir son objet, donc les réels besoins des écrivains de nos jours, ce sur quoi, malgré leurs divergences, ils pourraient s'entendre... et avancer ensemble...]

402. Une telle association aurait probablement pour conséquence la fondation d'une revue juste et impartiale, ouvrage dont l'absence se fait sentir depuis plusieurs années. Les deux anciennes et célèbres revues, depuis longtemps les champions infatigables des opinions politiques les plus opposées, présentent, par des causes différentes, des signes non équivoques de décadence et de décrépitude. Le *Quaterly*, l'avocat du despotisme, est bien au-dessous du mouvement progressif de notre siècle. Il

faut aujourd'hui de nouveaux organes qui puissent représenter dignement la nouvelle position du siècle actuel, qui puissent exprimer à la fois et son pouvoir intellectuel et son énergie morale. *La Revue du Nord*, la rivale du *Quaterly*, n'est plus à la hauteur d'un semblable rôle : de la main vigoureuse de ceux qui ont établi son empire, son sceptre a passé dans des mains trop faibles pour le soutenir.

403. On a fait une objection plausible contre l'accomplissement de ce projet. On a dit que les critiques littéraires les plus habiles sont attachés aux recueils qui existent aujourd'hui. Mais on répondra que beaucoup de ces écrivains désapprouvent les principes politiques des journaux auxquels ils fournissent des articles de littérature, et à l'instant où serait fondée une revue dirigée par des hommes honorables, et assez forte par son fonds social pour payer ses collaborateurs avec non moins de générosité que la plus riche de ses rivales, nul doute qu'elle aurait bientôt à sa disposition les meilleurs matériaux que renferme le sol littéraire de l'Angleterre. On peut aussi craindre que dans une semblable association les auteurs ne se favorisent trop mutuellement. L'éditeur d'une revue est exposé à deux genres de tentation : d'un côté il a une tendance à consulter trop, dans les ouvrages qu'il examine, les intérêts du propriétaire de sa revue ; d'un autre côté, il a un certain penchant à servir les intérêts de ses amis.

Le plan proposé obvie au premier de ces inconvénients ; mais il est très difficile, sinon impossible, de remédier au second, qui tient en quelque sorte à l'imperfection de la nature humaine (1).

[L'imperfection de la nature humaine demeure... heureusement ! heureusement ?]

(1) On m'a témoigné la crainte que les opinions avancées dans ce chapitre n'élèvent contre cet ouvrage une opposition redoutable de la part de l'association que j'y ai combattue. J'avoue que je ne crois pas à cette opposition ; les libraires me semblent trop fins pour donner un semblable passeport à la publication de leurs ruses. Mais si mes lecteurs pensent différemment, ils pourront aisément remédier au mal, en indiquant mon ouvrage chacun à deux de leurs amis.

[Puis-je conseiller la même chose à mes lectrices et lecteurs ? Non ! Ne vous limitez pas à deux ami(e)s !]

Lettre adressée aux écrivains français du XIXe siècle par Honoré de Balzac

Publiée dans la Revue de Paris, en 1834 (tome onzième), page 62 à 82.

[Entre crochets de nouveau mes remarques, Balzac utilisant les parenthèses Il aborde déjà "la question financière" dans un texte dont "on" aime citer le titre comme origine du mouvement menant à la création de la SGDL mais quasi introuvable. Peut-être pour ses propos désormais considérés "inappropriés", politiquement incorrects, sur notre cher symbole "la révolution française" ? Si la réalité historique a changé, les mêmes mécanismes agissent, interagissent et les écrivains d'aujourd'hui doivent mener leurs combats pour se libérer d'un système créé par les éditeurs pour les éditeurs.

Presque deux cents ans plus tard, il convient de nouveau d'écrire « *notre crise littéraire dont nous allons voir ici les principales causes... Savez-vous pourquoi nous jetons cet anathème à notre pays ?...* » Ce texte eut le mérite d'ouvrir un débat. C'était même son but. C'est aujourd'hui le mien avec ce manifeste.]

PRO ARIS ET FOCIS [locution latine signifiant "Combattre ... pour ses autels et ses foyers]

LETTRE ADRESSEE

AUX

ÉCRIVAINS FRANÇAIS DU XIXe SIÈCLE.

Paris, 1er novembre 1834.

Messieurs,

De grandes questions d'intérêt général et d'intérêt personnel se sont émues dans la République des lettres ; chacun de vous les connaît, en parle dans l'intimité ; mais personne n'ose ni se plaindre publiquement, ni proposer un remède à nos maux. [j'imagine de même les conversations de nos auteurs inféodés au système traditionnel depuis des décennies et se demandant s'il va tenir ou s'ils doivent quitter le radeau] Cependant plus nous allons, plus le mal s'agrandit, plus nos intérêts privés souffrent ; quand nous souffrons, nous avons le malheur de ne pas souffrir seuls ; la pensée d'un pays est tout le pays. Voila ce que le pays devrait savoir. [Désormais, quand les footballeurs souffrent le pays souffre, ou sourit, mais qui se soucie des écrivains ?] Aujourd'hui l'écrivain, ne voulant rien devoir qu'à lui-même, est forcé de s'occuper de ses intérêts, et ses intérêts touchent à ceux de la librairie française qui expire. [La librairie française expirait déjà en 1834 ; elle a donc ressuscité... de nombreuses fois... et le numérique lui offrira un second souffle...] Jamais il ne fut donc plus nécessaire qu'une voix s'élevât, qu'un homme parlât pour notre *citta dolente*, comme autrefois Beaumarchais parla pour les auteurs dramatiques, dont il fit consacrer les droits. Nous n'avons, pour prendre la parole, d'autre titre que la nécessité même où nous sommes. [Comme les écrivains de la Cinquième République... même si certains leur font croire qu'ils devraient s'adonner à une activité plus rémunératrice et continuer d'écrire le soir et les jours de repos... Mais des écrivains osent se croire dans la nécessité de vivre de leur plume *ici et maintenant* donc de réformer le monde de l'édition.] Aussi chacun de vous excusera-t-il les fautes de la précipitation, en pardonnant le style du manifeste rédigé en hâte par un homme aux travaux duquel les jours ne suffisent pas. [Ne vous excusez pas monsieur Balzac, *le style du manifeste rédigé en hâte par un homme aux travaux duquel les jours ne suffisent pas*, je reprends même votre formule]

À nulle époque, l'artiste ne fut moins protégé. Nul siècle n'a eu de masses plus intelligentes, en aucun temps la pensée n'a été si puissante ; jamais l'artiste n'a été individuellement si peu de chose. La révolution française, qui se leva pour faire reconnaître tant de droits méconnus, vous a plongés sous l'empire d'une loi barbare. Elle a déclaré vos œuvres propriétés publiques, comme si elle eût prévu que la littérature et les arts allaient émigrer. Certes, il existe une grande idée dans cette loi. Sans doute il était beau de voir la société dire au génie : - Tu nous enrichiras, et tu esteras pauvre. Ainsi les choses allaient-elles depuis longtemps ; ais depuis longtemps aussi, les rois ou les peuples se permettaient des ovations et des honneurs tardifs que la révolution n'admettait point pour les hommes supérieurs. [Peut-être la raison du grand silence sur ce texte réside dans cette pensée sur la révolution] Les triomphes destinés au génie étaient l'échafaud ; elle les décerna, vous le savez, à l'un des plus grands poètes de la France, à André Chénier, comme à Lavoisier, comme à Malesherbes. La presse, alors si libre, était muette [la presse libre muette, ah ! Honoré, si tu vivais nos belles années de presse libre]. Terrible leçon qui nous prouve qu'il ne faut pas seulement des institutions aux peuples, mais des mœurs. Des mœurs ! est le grand cri de Rousseau.

Ainsi, messieurs, vous poètes, vous musiciens, vous dramatistes, vous prosateurs, tout ce qui vit par la pensée, tout ce qui travaille pour la gloire du pays, tout ce qui doit pétrir le siècle ; et ceux qui s'élancent du sein de la misère pour aller respirer au soleil de la gloire, et ceux qui, timides en leur vol, doutent et meurent, pauvres enfants chargés d'illusions ! Et ceux qui, pleins de volonté, triomphent ; tous sont déclarés inhabiles à se succéder à eux-mêmes. LA LOI, pleine de respect pour les ballots du marchand, pour les écus acquis par un travail en quelque sorte matériel, et souvent à force d'infamie, LA LOI protège la terre, elle protège la maison du prolétaire qui a sué ; elle confisque l'ouvrage du poète qui a pensé. S'il est au monde une propriété sacrée, s'il est quelque chose qui puisse appartenir à l'homme, n'est-ce pas ce que l'homme crée entre le ciel et la terre, ce qui n'a de racine que dans l'intelligence, et qui fleurit dans tous les cœurs. Les lois divines et humaines, les humbles lois du bon sens, toutes les lois sont pour nous ; il a fallu les suspendre toutes pour nous dépouiller. Nous apportons à un pays des trésors qu'il n'aurait pas, des trésors indépendants et du sol et des transactions sociales ; et, pour prix du plus exorbitant de tous les labeurs, le pays en confisque les produits. Il voit sans honte les descendants de Corneille, tous pauvres, autour de la statue de Corneille qui a inféodé des richesses dans toutes les granges, qui enfante des récoltes qu'aucune intempérie ne menace, qui, d'âge en âge, enrichira des comédiens, des libraires, des papetiers, des relieurs et des commentateurs.

[Et il en va encore ainsi ! Même que les troupes préfèrent jouer du Corneille plutôt que de payer des droits d'auteur à Ternoise]

Répétez ce spectacle pour tous vos génies, villes pleines

de pitié pour ceux qui ne souffrent plus ! répétez-le chaque jour, vous n'en penserez pas plus à sauver ceux qui souffrent !

L'exhérédation [l'action d'exclure un ou des héritiers de la succession, de le(s) déshériter] a un côté odieux que personne n'a encore fait ressortir ; des plumes éloquentes s'en empareront, nous ne ferons que l'indiquer. Messieurs, ici je m'adresse à vous, peuple intelligent pour qui certaines idées n'ont qu'une face, et qui les admettez alors sans discussion ? Beaucoup de grands génies ont devancé les siècles, quelques talents devancent seulement les années. Hier le soleil s'est levé pour Vico, demain il se lèvera pour Ballanche. Peu d'hommes, comme Voltaire et Chateaubriand, peuvent voir, eussent dit nos pères, *soleiller* leur gloire de leur vivant. Le siècle de Louis XIV, dont le public était restreint et choisi, fut néanmoins d'une souveraine injustice pour ses grands hommes. Pendant seize ans, Racine a brisé sa plume. Nul, dans le grand siècle, ne se douta de la gloire de Perrault, dont nous admirons aujourd'hui la naïveté conteuse. Aucun ne devina la vaste et sublime épigramme, l'audacieuse épigramme de La Fontaine à Louis XIV dans la fable des *Noces du Soleil ;* le bonhomme, enhardi, put crier sans être mis à la Bastille : *Notre ennemi, c'est notre maître !* Dans le siècle précédent, où la masse lisante et intelligente s'accrut, si Montesquieu n'avait pas été riche, l'*Esprit des Lois* l'eût laissé pauvre ; il aurait été obligé de faire des *Lettres persanes* pour vivre. Je ne vous raconterai pas les infortunes de *Paul et Virginie*, refusé de porte en porte, ni la première édition du *Génie du Christianisme*, osée par les frères Ballanche : là du moins le génie croyait au génie. Le début est un premier malheur que vous avez tous plus ou moins éprouvé, une plaie que vous guérirez sans doute.

Les vraies supériorités ne doivent être ni haineuses, ni envieuses. Eh bien ! messieurs, la loi sous l'empire de laquelle nous mourons ravit à la famille du penseur, du poète, du dramatiste, expirés de misère, son traité, sa poésie, son livre, sa comédie, son drame, au moment où le jour du succès vient reluire. La loi les lui ravit d'une main pour les donner de l'autre... À qui ? Les sauvages en riraient ! Devons-nous le publier? Oui, ceci ne restera pas. Eh bien ! La loi les donne aux libraires ! [Si tu savais Honoré, combien nos libraires et éditeurs se sont enrichis avec tes œuvres devenues libres de droits...] Un homme de talent n'a pas, dans son agonie, cette pensée consolante : -« Si je meurs, du moins mes enfants, ma famille, les miens, vivront heureux par ma gloire ! » [Mon pauvre Honoré, comme elle dut être terrible, ton agonie, avec ce que tu entendais de la pièce d'à côté...] Les hommes ont perpétué la richesse pour les aînés des grandes familles, pour les cadets de la banque ; ils ont stipulé l'hérédité de la sueur ; ils ont déshérité les veilles et le cerveau. Jadis rien n'était fixé sur ces successions immortelles ; mais les rois avaient un palais dans leur palais, un trésor dans leur trésor, pour les princes de la parole, qu'ils faisaient marcher dans leur pourpre, qu'ils aimaient à ceindre de leurs bandeaux.

Aujourd'hui Rodolphe de Hapsbourg a la prison dure pour Pellico. Aujourd'hui le roi de Prusse, les empereurs de Russie, renient les traditions de Catherine et de Frédéric. Aujourd'hui la France paie des hommes noirs pour épier la pensée, pour la timbrer. Enfin l'héritier du dix-huitième siècle et de la révolution, le *présomptif* de la presse, continue ce métier après juillet, dans les ruines encore fumantes de la monarchie qui s'est abattue en voulant refaire le monde intellectuel, le monde moral, le monde religieux, le monde politique, par une compression calculée de la pensée, faute de pouvoir gouverner en marchant avec la pensée. Messieurs d'hier, qui vous a fait rois ? L'intelligence est une plus haute dame que le comte de Tours n'était grand, songez-y ! La pensée vient de Dieu, elle y retourne ; elle est située plus haut que ne sont les rois ; elle les fait et les défait. Napoléon, qui en tout fit quelque chose de grand, avait institué des prix décennaux. Où sont les prix décennaux ? Nous sommes dépouillés dans l'avenir par la révolution ; et les vrais rois, les rois qui trônaient assez longtemps pour penser à nous dans le présent, ces rois s'en sont allés [Balzac regrettant la monarchie... les nouveaux hommes au pouvoir ressemblaient donc à nos politiques, prompts à soutenir le commerce des marchands contre les créateurs ?] Jules II manque à Raphaël. Nous avons les chambres. Oh ! messieurs, les chambres qui, au lieu d'un plafond de Ingres, veulent des nuages au-dessus de leurs têtes, ces chambres ne vous ont-elles pas dit cent fois *Raca* ? L'Académie, seul corps littéraire constitué, est inhabile à prendre notre défense [comme la SGDL aujourd'hui !] ; elle ne peut délibérer, elle ne doit agir que sur les mots. Ceci nous conduit à vous faire observer que nous ne devons jamais compter ni sur les chambres ni sur l'Académie. [comme aujourd'hui !] La loi n'est pas seulement athée, elle est sans cœur. La maladie de l'époque est l'absence du cœur en politique. [comme aujourd'hui ?] Beaucoup de lois fiscales, beaucoup de lois pénales, point d'institutions ; puis aucune intelligence pour saisir la différence qui existe entre des institutions et des lois. N'y comptez pas ; non, nulle voix ne dominera ce concert de médiocrités choyées par le pouvoir, triées sur le volet par les arrondissements qui tiennent à être représentés. Parlons donc capital, parlons argent !

Matérialisons, chiffrons la pensée dans un siècle qui s'enorgueillit d'être le siècle des idées positives ! L'écrivain n'arrive à rien sans des études immenses qui représentent un capital de temps ou d'argent [Ah bon ! On ne devient pas écrivain en s'amusant ! Ce n'est donc pas un métier facile ?!] ; le temps vaut l'argent, il l'engendre. Son savoir est donc une chose avant d'être une *formule*, son drame est une *coûteuse expérience* avant d'être une *émotion* publique. Ses créations sont un trésor, le plus grand de tous ; il produit sans cesse, il rapporte des jouissances et met en œuvre des capitaux ; il fait tourner des usines. Ceci est méconnu. Notre pays, qui veille avec un soin scrupuleux aux machines, aux blés, aux soies et aux cotons, n'a pas d'oreilles, n'a pas d'yeux, n'a pas de mains, dès qu'il s'agit de ses trésors intellectuels. Messieurs, notre exhérédation est infâme ; mais ne croyez pas que notre exhérédation soit la plus grande des plaies de la pensée. Il en est une autre plus hideuse, et dont ne rougissent ni l'Europe ni la France, intellectuellement plus grande que l'Europe, et qui ne la défendra pas contre la barbarie par ses amies seulement, mais aussi par ses écrits. La France désormais se battra d'une main, elle écrira de l'autre. Ecoutez. Un marchand envoie-t-il une balle de coton du Havre à Saint-Pétersbourg, si quelque mendiant monté sur une barque y touche, ce mendiant est pendu. Pour obtenir un libre passage en tout pays à ce ballot, à ce sucre, à ce papier blanc, à ce vin, l'Europe entière a créé un droit commun. Ses vaisseaux, ses canons, sa marine, ses marins, toutes ses forces, sont aux ordres du ballot. Si quelque vaisseau marchand est pris, l'alarme est générale ; on court sus au pirate ; bientôt il est pris, il est pendu. Jusqu'à présent la poésie seule a versé des larmes sur le sort d'un homme pour qui, si son drame tombe, le sifflet est une corde au bout d'une vergue. Mais un livre paraît-il ? Oh ! Le livre est traité comme on traite le pirate. On court sus au livre ; il est avidement recherché, il est saisi dans ses langes, dans ses épreuves ; il est plus tôt contrefait qu'il n'est fait ; le pirate a son génie pour échapper au supplice, le génie dont le livre est empreint sert à le faire découvrir à ses bourreaux. L'Allemagne, l'Italie, l'Angleterre, la France, avancent une main avide sur le livre ; car cette baraterie étant générale, la France a été obligée d'imiter les autres pays. Ainsi pour le difficile produit de l'intelligence, le droit commun est suspendu en Europe, comme en France le Code est suspendu pour l'auteur.

Si notre voix pouvait avoir plus d'étendue, si les masses intelligentes de l'avenir nous entendaient, il n'y aurait qu'un cri sur cette plainte ; de toutes parts on nous crierait : - Mais le pays vous protège, au moins. - Non ! Le pays s'émeut pour ses forgerons, il tremble pour ses vignerons, il pleure comme une mère pleurerait sur ses enfants malades, à propos de ses cotons filés ; et pour choyer ses forgerons et ses industriels, le pays a des douanes, un encouragement donné au statu quo, à la routine en industrie. Ainsi, dans sa sollicitude, le pays est intelligent pour ce qui est matériel ; il est insensible pour tout ce qui est intelligent : ce pays est la France. Oui, messieurs, sachez-le bien, *le tiers* de la France se fournit de contrefaçons faites à l'étranger. L'étranger le plus odieusement, le plus ignoblement voleur, est notre voisin, notre soi-disant ami, le peuple pour qui nous avons donné ces jours-ci notre sang, nos trésors, à qui nous cédons nos hommes de talent et de courage, et qui, pour nous remercier, a un avoir dans le compte de nos suicides, car ses vols, faits loin de nous, se changent ici en assassinats. Quand le pauvre libraire français vend à grand'peine un de vos livres à un millier de misérables cabinets littéraires, qui tuent notre littérature ; le Belge, lui, en vend deux milliers au rabais à la riche aristocratie européenne. Et quelques jeunes gens élégants, amis des lettres, montrent en triomphe, au retour de leur voyage, les œuvres complètes de Victor Hugo achetées pour 6 francs. Le journal qui accueille cette lettre compte plus d'abonnés à sa contrefaçon qu'il n'en a lui-même. Notre pays a des douanes ! A quoi servent les douanes ? Quelle plaisanterie sont les douanes ! S'il est une chose dont il soit facile d'interdire l'introduction, ne sont-ce pas les ballots de librairie ? Hé bien ! Allez sur toutes nos frontières, et demandez vous-mêmes vos œuvres ; vous les trouverez dans le domaine public, comme si vous étiez déjà mort. Mais ceci n'est rien. Récemment un grand écrivain publie un livre (ici je prends le fait purement et simplement), M. de La Mennais laisse échapper les *Paroles d'un croyant*. Dix mille exemplaires s'en vendent dans le midi, où le libraire n'en avait pas envoyé cinq cents. L'ouvrage est contrefait à Toulouse. Le libraire l'apprend, il y court. Mais arrivé dans ce pays, situé d'ailleurs en France, il lui est impossible d'obtenir réparation, soit que l'auteur ostensible du vol ait été ce que l'on appelle un homme de paille, soit que les preuves aient été anéanties. Ah ! Si c'eût été quelque pamphlet, avec quel zèle la société qui aboutit à un procureur du roi, eût volé, dans la personne de ce procureur du roi, sur les traces du crime, eût convoqué ses alguazils, comparé les caractères du livre contrefait avec ceux du livre appartenant à M. de La Mennais, cherché le fondeur : - A qui avez-vous vendu ces caractères ? Et alors, allant de presse en presse, les tribunaux eussent trouvé un homme à faire pourrir dans un cachot, sur la foi d'un a bas de casse ou d'un *N* italique mal

111

fondus. Dans ce vol, cependant, se rencontrent toutes les circonstances qui envoient un homme aux galères, s'il volait un sac d'or. Hé bien ! Dix mille exemplaires des *Paroles d'un croyant* sont vingt mille francs. Un pamphlet eût allumé la bile des parquets, un nouvel *Esprit des Lois* n'eût pas obtenu d'eux une plumée d'encre. La loi qualifie de délit ce vol, le plus horrible de tous les vols, et pour poursuivre les délits, il faut une plainte. Qui de nous se plaindra ? Nous-mêmes nous plaindrions-nous ! Pour élever notre voix, ne faut-il pas que nous nous soyons arrogés le droit de parler au nom de tous ? Ici, messieurs, le gouvernement, qui pour entrailles a un système de caisses en fer appelé fisc, n'a même pas l'intelligence de ses intérêts. Il demande à nos journaux littéraires des droits de timbre. La *Revue des Deux-Mondes*, et cette *Revue*, qui accueille notre triste clameur, doivent donner environ huit cents francs par mois au fisc avant de pouvoir imprimer une seule de vos lignes. Huit cents francs !... le tiers du prix que l'on accorde à vos pages ! Le fisc veut des droits, et le gouvernement ne protège pas la machine-journal, qui doit payer des droits à son fisc. N'est-ce pas stupide à la manière du sauvage qui coupe l'arbre pour avoir le fruit, ou d'Arlequin qui ne nourrit pas son cheval ? Ainsi, pour nous, exhérédation illégale qui frappe nos familles, voilà l'avenir ; mise hors du droit commun relativement à la piraterie littéraire, voilà le présent ; nulle protection à l'intérieur, voilà l'effet du gouvernement institué, je ne dis pas pour veiller au bonheur, mais au maintien des droits de tous.

Ici, messieurs, quelques esprits superficiels diront peut-être qu'à aucune époque la littérature, ou pour prendre une expression plus large, la pensée n'a produit de plus grandes fortunes politiques ou métalliques, en citant MM. Etienne,

Scribe, Chateaubriand, Thiers, Mignet, Guizot, Lamartine, etc. Mais, messieurs, il ne faut pas laisser conclure contre nous, peuple généralement faible et souffrant, qui n'avons de volonté que pour les travaux de la pensée, qui savons peu les affaires [c'est ainsi que l'on laisse des éditeurs faire des affaires et se retrouve avec des miettes], qui ne sommes ambitieux que par boutades, qui avons peu d'héritages, de ce qu'il se rencontre parmi nous des hommes carrés de base comme de hauteur qui peuvent suffire à la politique et à la poésie, des hommes qui dorment en paix sur la foi du Code, qui ne les a pas déshérités de leurs oncles ; des hommes qui ont pris la littérature comme un Purgatoire d'où l'on arrive au Paradis des places ; des hommes qui savent à la fois faire des chefs-d'œuvre et faire des affaires. Ne nous laissons pas reprocher le résultat même que cause l'excès du mal. Si quelque grand poète se recommande et par son œuvre, et par des succès de tribune, et par une grande fortune que ses œuvres lui auraient donnée s'il les avait exploitées, n'oublions pas de dire au siècle que beaucoup de poètes aussi grands que nos plus grands vont à pied quand de certains spéculateurs roulent carrosse ; que la contrefaçon ruine Alfred de Musset comme Victor Hugo, Victor Hugo, comme de Vigny, de Vigny comme J. Janin, J. Janin comme Nodier, Nodier comme G. Sand, G. Sand comme Mérimée, Mérimée comme Courier, Courier comme Barthélémy, Barthélémy comme Béranger, Béranger comme vous tous. Songez qu'il se lève une jeune génération à qui appartient l'avenir, et que ce sera noble et grand à nous de leur livrer l'avenir plus beau que nous ne l'avons reçu.

[Oui, ce sera noble et grand à nous de livrer l'avenir plus

113

beau que nous ne l'avons reçu, par exemple avec des revenus décents, 50% du prix des livres]

Après vous avoir signalé les deux principales plaies qui nous affligent, il en est une troisième que nous voudrions cacher ; mais elle attaque la pensée au cœur, c'est un cancer qui nous dévore, une maladie du corps littéraire, et non une blessure que lui fait la loi, le gouvernement, ou le siècle.

A peine un de vous, après avoir étudié quinze ans, quinze ans gémi, pâli, souffert, pâti, après bien des peines et de l'argent dépensés, après avoir souvent pleuré des larmes, après avoir appris le monde et les hommes, appris les choses, voyagé dans tous les malheurs ; à peine un homme qui a sué sur ses phrases, payé des corrections comme en faisait Buffon ; à peine l'écrivain a-t-il publié un livre, créé des personnages, inventé des ressorts, dessiné un drame ; ce drame, ces ressorts, ces personnages, ce livre est pris et devient pièce de théâtre. Un homme d'honneur, incapable de prendre chez vous les pincettes pour attiser votre feu, vous prend sans scrupule votre bien le plus cher ; il n'a pas la conscience plus troublée que s'il vous avait pris votre femme ; mais l'amant prendra une femme consentante, tandis que le Sigisbé dramatique viole votre idée ; aussi cet adultère est-il sans excuse ; il est horrible, et d'autant plus dommageable qu'il n'est pas encore arrivé un cas de pièce mise en livre. Vous nous pardonnerez, messieurs, de fouiller cette question avec l'arme de la plaisanterie. Ici, nous sommes sur un terrain où nous n'avons pas été ménagés, et la discussion nous mènera d'ailleurs dans des sphères élevées où gisent de nouvelles causes à notre souffrance.

Nous publions un livre pour qu'on le lise, et non pour le voir *lithochromisé* en drame ou tamisé en vaudeville. Il existe là une question à faire juger. *La prise* d'une idée, d'un livre, d'un sujet, sans le consentement de l'auteur, eût soulevé l'indignation générale du dix-huitième siècle, qui, à notre honte, poussait jusqu'à la plus exquise politesse le sentiment des convenances littéraires. L'auteur dramatique n'ignore pas qu'un livre, après vous avoir coûté de grands labeurs, après avoir exigé la patiente sculpture du style (et le style est tout un homme, ce sont ses impressions et sa substance), ne se paie pas quinze cents francs ; tandis que la pièce faite avec ce livre donne trois fois le prix du livre, quand la pièce tombe, et vaut la contribution foncière d'un village quand elle réussit. En un mot, La Fontaine nous disait notre fait avec *Bertrand et Raton.* Je me hâte de poser la question financière afin d'en plus tôt sortir. L'argent est peu de chose pour certains esprits généreux. La preuve de notre générosité se trouve dans notre silence. Si nous le rompons, messieurs, attribuez-le non à quelque intérêt personnel, mais au désir de traiter complètement les questions soulevées par notre crise littéraire dont nous allons voir ici les principales causes.

Nous publions donc notre pensée pour qu'elle soit connue. Quelque naïve que soit cette proposition, elle signifie que nous ne la publions pas pour qu'elle soit découpée, tirée, déshabillée, écartelée, mise sur le gril d'une rampe et servie aux habitués d'un théâtre comme un mets aux dandies du Rocher de Cancale. Cherchons des analogies. L'Etat construit la Madeleine, il livre le monument au public ; en France, l'état craint toujours le public, il met une grille pour empêcher les plaisants d'y charbonner des figures grotesques, pour empêcher Crédeville d'y mettre son nom énigmatique. Pourquoi n'aurions-nous pas de loi littérairement municipale qui dise à propos des beaux livres : *il est défendu de déposer ici des pièces de théâtre.*

Personne d'entre nous ne contestera l'analogie, nous croyons tous avoir le droit de mettre sur nos livres *Exegi monumentum*. [J'ai achevé un monument] Palais ou bicoque, cathédrale ou chaumière, cette œuvre est à nous. Si ce livre était une barrique de vin, elle serait respectée. Un voisin qui trouverait le moyen de la soutirer et de la vendre en y mêlant un vin meilleur commettrait un délit passablement répréhensible ; mais que disons-nous ? Messieurs, les tribunaux de commerce condamnent à d'énormes amendes l'eau de Cologne sans néroli qui se dit Farina. Toutes les fois qu'il y a un ballot, le droit est précis, voyez-vous ! Mais s'il s'agit d'une page écrite, d'une idée, la justice ne sait plus ce que veut dire le procès ; elle n'a de loi que contre nous ! Ici nous sommes d'autant plus à l'aise, que nous ne froissons la gloire de personne ; il s'agit d'intérêts commerciaux à moins, cependant, qu'une voix ne s'élève et ne nous crie le nom d'une œuvre âgée de vingt ans, qui puisse par sa seule valeur attirer mille personnes dans une salle, le Théâtre-Français, excepté. L'argent gagné par trois ou quatre personnes qui se mettent sur un ouvrage comme des équarrisseurs sur un cheval, car souvent ils s'attaquent au cheval de Roland, n'est pas la plaie la plus douloureuse. Si nous étions pour quelque chose dans la question, nous dirions volontiers comme vous tous : - *A moi la gloire, à eux l'argent !*
[Du droit moral d'une œuvre... donc de son adaptation ; sur ce sujet, deux siècles ont protégé l'écrivain mais les droits dérivés, théâtre, cinéma... se partagent avec l'éditeur... grand gagnant...]
Mais, messieurs, la pièce de théâtre entraîne bien d'autres maux. Quand notre enfantement est fini, nous avons en dehors de ce travail, de fâcheuses suites de couches sur les théâtres. Notre œuvre peut y mériter des sifflets au

moment où quelques lecteurs l'admirent au fond d'une province. Vous êtes détestable rue de Chartres, vous êtes magnifique à Blois.

Ici nous arrivons à l'un de nos plus grands malheurs, au plus réel, à un calus plus dur que ne l'est la contrefaçon matérielle ou spirituelle. Messieurs, le nombre de ceux qui voient un vaudeville est supérieur au nombre de ceux qui lisent un livre.

Pour apprécier les belles œuvres littéraires (et notre siècle en produit autant qu'en a produit le plus littéraire des siècles passés, n'en déplaise à la Critique), il faut une généreuse éducation, une intelligence cultivée, le silence, le loisir et une certaine tension d'esprit ; tandis qu'à l'œuvre dramatique, il ne faut que prêter ses yeux et ses oreilles durant les heures somnolescentes de la digestion. Paris possède douze théâtres ; aucun d'eux ne peut subsister s'il ne fait une recette qui, répartie par chaque salle, donne une moyenne de 2 000 francs par jour ; ainsi Paris offre à la littérature dramatique un budget d'environ dix millions, auxquels doivent se joindre les tributs départementaux, qu'il est inutile d'évaluer. Hé bien ! messieurs, à quelle somme croyez-vous que s'élève le budget de la grande littérature, la part des œuvres longtemps élaborées, la part de *Volupté*, de *Notre-Dame de Paris*, des admirables poésies d'Alfred de Musset, des *Consultations* du docteur Noir, d'*Indiana*, de l'*Ane mort*, de ce livre magnifique intitulé *Histoire du roi de Bohême et ses sept Châteaux* ? Quelle part fait-on à Frédéric Soulié, à Eugène Sue, aux proverbes d'Henri Monnier, aux frères Thierry, à M. de Barante, à M. Villemain, à ce patient Monteil ? Que la honte se glisse rouge au fond des cœurs ! Nous affirmons que les dix maisons de librairie de Paris, assez audacieuses pour entreprendre ce chanceux commerce, ne font pas, DANS TOUTE LA FRANCE, un million, de recette. [Pour ces échelles de grandeur, on peut actuellement comparer nos grands groupes d'édition avec les mastodontes des télécoms ; oui Gallimard reste un nain par rapport à Orange... comme l'auteur indépendant l'est par rapport à Lagardère ou Albin Michel. Est-ce qu'un petit nain pourra exister ou est-ce que les grands nains vont essayer de le ghettoïser pour s'assurer la suprématie chez les nains, qui seront rapidement mangés par des ogres ?] Savez-vous pourquoi nous jetons cet anathème à notre pays ? Nous le dirons sans craindre d'être accusés de parler d'argent. La question est ici trop grande, trop petite, trop singulière ; trop anti-patriotique, trop bizarre, trop inhérente au cœur humain ; elle nous appartient, elle peint l'époque, elle en accuse la mesquinerie qui déborde de haut en bas. En France, messieurs, dans ce beau pays où les femmes sont élégantes et gracieuses comme elles ne sont nulle part, la plus jolie femme attend patiemment, pour lire Eugène Sue, Nodier, Gozlan, Janin, V. Hugo, G. Sand, Mérimée, que la modiste ait lu le volume en compagnie, le soir, dans son lit ; que la femme d'un charcutier ait achevé le dénouement et l'ait graissé, que l'étudiant y ait laissé son parfum de pipe, y ait cloué ses observations lascives ou bouffonnes. En France, un livre, le livre où l'auteur a mis une offrande écrite, se promène dans les alentours d'une famille. Oui, c'est à qui se soustraira même à l'impôt des 2 sous du cabinet littéraire. " - Prêtez-moi *Notre-Dame*, envoyez-moi, *Jacques ?* " sont dits par des gens riches dont la voiture passerait au besoin sur le corps d'un mendiant qui veut deux sous pour une roquille, sa littérature, à lui. Personne n'hésite à donner 40 francs pour aller entendre Odry, Arnal, Bouffé, à donner trois louis pour aller à l'Opéra ; mais il n'est pas encore admis qu'on envoie 12 francs à un libraire pour lire à son aise dans un livre propre et vierge, l'œuvre nouvelle la plus intéressante, qui donne quelques journées de lecture ou quelques heures de méditation, qui fait voyager dans l'histoire du pays ou dans les souvenirs de la vie !! Non, les dix mille familles riches, les vingt mille personnes aisées de la France, n'ont pas 100 fr. pour les vingt volumes remarquables que notre nation dolente publie par année, et ils les donnent au journalisme ! Salut, belle France, France généreuse, France intelligente ! AUX GRANDS HOMMES LA PATRIE RECONNAISSANTE ! Merci de cette épigramme sublime ! Aristocratie, vous êtes morte : l'égalité triomphe ; la duchesse attend que sa couturière ait lu *la Salamandre* avant de la lire ; elle attendra, elle quêtera même pour éviter de donner au talent l'obole inconnu, le seul denier que puisse recevoir le talent. [Cette tentative de culpabiliser les acheteurs potentiels peut prêter à sourire mais ce siècle-là se caractérisait aussi par un faible nombre de lecteurs... Acheter redevient un acte militant, quand il s'agit d'un ebook dont on sait qu'il permettra à son auteur de continuer et non à de multiples intermédiaires de s'engraisser et au grand patron de conforter sa place dans le top 500 des grandes fortunes de France] Ce crime social est une petite infamie secrète dont on n'a pas à rougir. Il est des villes où la *Revue de Paris* de janvier est lue en décembre. Des femmes élégantes éternuent au beau milieu des *Feuilles d'automne*, par le fait d'un bourgeois qui a laissé couler du tabac en tournant un feuillet. Qui de nous n'a pas entendu dire à des millionnaires : - Je ne puis pas avoir tel livre ; il est toujours en lecture ! Dix millions pour la plus ingénieuse des médiocrités, relevée par les lazzis des comédiens, 500,000 francs aux efforts du talent, voilà la question bien posée pour ce siècle. Ce problème connu, que ferez-vous ? Du théâtre ! *Ad circenses !* est en littérature un cri comme *Aux armes !* dans Guillaume Tell. Que voulez-vous ? d'un côté, la bêtise en coupe réglée ; de l'autre, indifférence brutale aux plus belles productions. Un livre veut toute une vie ; une pièce de théâtre demande un mois. Pour hésiter, que faut-il être ? - Un sot, dit la Chaussée d'Antin. - Un homme de talent, disent les gens d'élite. Aux grands hommes la patrie reconnaissante ! Donc, pour le théâtre, mille et quelques auteurs dont aucun n'a jeté sur la scène une création ; car, dans ce siècle, qui s'est arrogé le droit de dire à son idée : Tu seras éternellement Harpagon, Clarisse, Figaro ! Qui de vous a eu la puissance divine de *nommer ?* Depuis celui qui a dit : Tu seras *Jocrisse !* personne dans les petits théâtres n'a eu de gésine viable. Aussi les pièces de théâtre ne durent-elles pas six semaines. Alors il a fallu autant de pièces que de jours dans l'année ; et, pour fournir à ce besoin du public qui n'était jamais satisfait, les auteurs ont usé de tout, ils en sont arrivés aux livres des vivants, comme les rats qui, ne trouvant plus de biscuit dans la cale, mangent les provisions de l'équipage. Le théâtre a donc réagi sur le livre, en vertu du mot de Molière : - Je prends mon bien où je le trouve. Nous devons à Molière ce funeste article de loi, mais cet article de loi ne nous a pas rendu Molière. A tous nos maux, ajoutons cet arrêt : les mœurs repoussent les livres. Quelques libraires ont pensé que le prix de nos livres était excessif. Erreur ! Nos livres ne se vendent pas aussi cher que se vendaient les livres avant la révolution ; et, avant la révolution, sur douze écrivains, sept recevaient des pensions considérables payées ou par des souverains étrangers, ou par la cour, ou par le gouvernement. Nous périssons donc sous le poids d'une avarice inouïe, car la femme élégante, le Mécène qui ne donne pas 7 francs pour un livre où avant tout il faut près de 2 francs à l'auteur, ne donneront pas davantage, 4 francs. Ici, nous irons loin peut-être, mais nous sentons le besoin de défendre au tribunal des consciences qui, semblables à Dieu, peuvent descendre au fond des cœurs, plusieurs artistes réellement grands, et que certaines personnes blâment légèrement. Nous ne parlerons pas des nobles pensées, des beaux ouvrages étouffés par le découragement dont se trouvent saisis quelques hommes qui n'ont eu de puissance que dans le désespoir. Sachez-le bien, l'artiste sous peine de ne pas être, est homme de cœur. Des actions, blâmables en apparence, peuvent être reprochées à ces grands enfants qui ne deviennent des géants qu'au moment où ils saisissent leur outil créateur. Eh bien ! ne les accusez plus après avoir lu ces pages ; leurs fautes ont toujours été le fruit de votre lésinerie. A eux le malheur, à vous le crime. Mesurez le pardon sur l'énergie de leurs facultés, et non sur votre froide impuissance. En écrivant ces lignes, nous nous sommes ému des malheurs à venir. Ah ! si notre voix pouvait être entendue ; nous descendrions même à la prière devant tout le pays, afin de réchauffer son patriotisme et d'éviter le suicide de quelques nobles cœurs. Messieurs, nous avons attaqué une question qui touche à bien des intérêts, qui peut froisser des amours-propres, si nous avions pu dire des gloires, la question serait jugée. Quand un de nos grands peintres fit Ossian pour rivaliser avec les palais aériens de Girodet, chacun d'eux fut content. *Non ut pictura poesis* ; mais nous sommes tous incapables d'en vouloir à d'heureux négociants. Ne suffit-il pas que ceci fasse question pour que chaque homme de lettres dorme en paix sur le passé de ses pièces. Nous croyons que chacun de messieurs les auteurs dramatiques, faisant un retour sur lui-même, devra penser qu'il serait plus littéraire d'inventer ses sujets que de les emprunter. Nous constatons un fait, nous posons une question purement judiciaire. A-t-on ou n'a-t-on pas le droit de monnayer un livre sous le balancier du vaudeville, sous le marteau du drame ? A-t-on ce droit plein et entier ? Est-il soumis, ou doit-il être soumis au consentement de l'auteur dudit livre ? Quoi ! les auteurs dramatiques ont les faits accomplis de l'histoire, les anecdotes consacrées de vingt siècles, les événements du temps présent, et il leur faudrait encore étendre la juridiction de leurs grelots et de leurs flonflons, de leurs coupes et de leurs poignards, sur les œuvres vivantes ou mortes de l'homme qui ne croyait pas avoir besoin, pour digérer sa gloire en paix, de souscrire une police d'assurance contre les pièces. Ceci n'existe que depuis dix ans, et les choses sont poussées trop loin pour que la littérature ne s'en occupe pas. Reconnaissons d'ailleurs que souvent les auteurs dramatiques se conduisent envers nous avec politesse, ils n'indiquent ni le livre, ni l'auteur pillés. Ils pourraient objecter que plusieurs auteurs les convient à cette traduction. Que voulez-vous ? on voit des suicides tous les jours. Parleront-ils de notre silence ? Mais un homme est mal venu à demander raison de ces malheurs ; un procès est ennuyeux, et celui-ci ne peut être traité que de masse à masse, entre la corporation des faiseurs de drames et la corporation des faiseurs de livres. Nous offenserions sans doute les auteurs dramatiques en disant qu'ils ont tous autant de talent les uns que les autres ; ils seraient encore plus mécontents si nous disions que le talent leur est inégalement distribué ; mais nous sommes certains de les mettre d'accord en reconnaissant chez eux une probité sévère. Or, beaucoup d'entre eux étant auteurs *in utroque*, la question de droit soulevée sur la faculté, contestée par plusieurs d'entre nous, de mettre un livre en pièce, sera jugée à huis-clos et convenablement débattue, pour le jugement être converti en article de loi, si cette matière délicate permet autre chose qu'une convention entre les deux sociétés.

Ce mot *société* est une transition naturelle pour arriver aux moyens de défense que nous croyons avoir trouvés ; et qu'il est urgent d'employer contre les oppressions légales, contre les oppressions de l'étranger, contre les oppressions intimes que nous signalons. Ces malheurs, durement sentis, touchent de près à plusieurs commerces, et touchent au grand problème politique de la balance commerciale que tout pays veut établir à son profit avec ses voisins.

Ici, quoique la question de l'intérêt littéraire devienne une question d'intérêt public, n'attendez pas du gouvernement qu'il fasse une enquête sur l'état de la littérature, considérée comme intérêt matériel, comme produit énorme, comme moyen d'imposer l'Europe, de régner sur l'Europe par la pensée, au lieu de régner par les armes. Non, le gouvernement ne fera rien. Le gouvernement actuel, fils de la presse, est heureux de cet état de choses, et le prolongera s'il le peut : son inertie en est la preuve. Notre salut est en nous-mêmes. Il est dans une entente de nos droits, dans une reconnaissance mutuelle de notre force. Il est donc du plus haut intérêt pour nous tous que nous nous assemblions, que nous formions une société, comme les auteurs dramatiques ont formé la leur.

L'auteur de cette lettre connaît assez le monde pour ne pas avoir la prétention de vous imposer ses idées, mais de vous les exposer, afin qu'elles en fassent naître de meilleures, si elles n'étaient pas adoptées. Néanmoins avide de repos, adonné au silence, tribun par hasard, nous ne nous serions pas levé si nous n'avions pas trouvé les moyens d'empêcher à l'avenir toute espèce de contrefaçon à l'étranger. Loin de renverser la librairie comme se le proposent depuis quelque temps des spéculateurs, nos moyens vous laisseraient tous dans les positions où chacun de vous peut se trouver relativement à la librairie. Si parmi les libraires, plusieurs se permettent de ne lire ni les livres qu'ils achètent, ni les livres qu'ils vendent ; si d'autres ont assez d'esprit pour vernir leur manque d'instruction par de l'impertinence, il se rencontre là, comme ailleurs, des gens convenables, généreux, instruits, envers lesquels vous avez dû contracter des obligations. Notre société pourrait avoir encore l'influence de régénérer la librairie ; mais aucun bien n'est possible sans le concours de toutes nos volontés vers un résultat qui doit augmenter le bien-être de tous, et qui sera le salut d'un commerce chancelant. Notre société constituée saura demander de nouvelles lois sur la propriété littéraire, saura faire fixer les questions pendantes, et empêchera toute contrefaçon étrangère. Les moyens dont nous nous sommes occupés, et que nous croyons efficaces, nécessitent cette association qui seule pourra faire les démarches utiles au succès ; démarches d'ailleurs peu coûteuses. Sans doute il serait beau de voir la république des lettres avoir ses ambassadeurs, envoyer dans les pays voisins des hommes éminents entourés de plus d'éclat que n'en ont les plénipotentiaires, et traiter ses intérêts de langue à langue, en rendant à ce mot le sens qu'y attachait l'ordre de Malte ; mais aujourd'hui beaucoup ridicule serait un spectacle auquel manqueraient la Foi, les sentiments qui jadis l'eussent rendu magnifique. J'espère, messieurs, que les hommes qui sont chargés d'éclairer, de régir leur époque et de la mener dans une voie de progrès, ne manqueront pas du sens qui n'a failli à aucune des plus infimes parties de la société. Chaque profession a son association philanthropique, et l'hôpital n'existe ni pour nos imprimeurs, ni pour nos relieurs. Il n'est pas d'ouvrier qui n'ait sa société maternelle qui lui donne aide et assistance dans ses moments de détresse. Nous seuls artistes, écrivains, sommes sans un lien commun. Il est vrai que nous seuls ne devions pas avoir besoin de nous protéger nous-mêmes ; nous devions être sous la garde de tous, nous devions avoir la France pour tutrice. Aussi est-ce une honte pour notre temps que la nécessité où nous sommes de nous réunir comme ces marchands du moyen âge qui, volés par tous, qui, mis au ban de la force féodale, constituèrent des Hanses afin de se défendre, et réussirent à imposer à l'Europe la majesté de leur commerce, pour lequel tout se remue aujourd'hui, les navires, les fiscs et les chambres. Réunis, nous sommes au-dessus des lois, car les lois sont dominées par les mœurs. Ne constatons-nous pas les mœurs ? La civilisation n'est rien sans expression. Nous sommes, nous savants, nous écrivains, nous artistes, nous poètes, chargés de l'exprimer. Nous sommes les nouveaux pontifes d'un avenir inconnu, dont nous préparons l'œuvre. Cette proposition, le dix-huitième siècle l'a prouvée. Réunis, nous sommes à la hauteur du pouvoir qui nous tue individuellement. Réunissons-nous donc pour lui faire reconnaître les droits et les majestés de la pensée. Ainsi, nous pourrons tendre la main au génie méconnu, dès que nous aurons conquis un trésor commun, en reconquérant nos droits. Disons-le bien haut ! il faut aide et secours au talent. Une des plus grandes erreurs qui aient pu s'accréditer, est cette croyance que le génie heureux devient oisif. Non, les plus beaux ouvrages ont été fils de l'opulence. Rabelais n'a travaillé que dans le loisir. Raphaël puisait à pleines mains dans les trésors de la cour de Rome ; Montesquieu, Buffon, Voltaire, étaient riches. Bacon était chancelier. *Guillaume Tell*, le plus grand opéra de Rossini, est dû au temps où ce beau génie ne connaissait plus le besoin, tandis que Mozart, comme Weber, est mort de misère, emportant ses chefs-d'œuvre. Sénèque, Virgile, Horace, Cicéron, Cuvier, Sterne, Pope, lord Byron, Walter Scott, ont fait leurs plus belles œuvres quand ils avaient honneurs et fortune. Beethoven, Rousseau, Cervantès et Camoëns sont des exceptions discutables. Personne n'osera décider si la volontaire infortune de Jean-Jacques est ou n'est pas spéculation d'orgueil, un cas de fierté maladive. Puis il faut faire la part aux fantasques artistes, aux cœurs généreux chez qui les trésors ne restent pas ? Enfin il est des génies qui sont aussi fiers que pauvres, ils sont encore riches. Cessez donc de nous montrer la misère comme la mère du génie ; ne nous opposez pas ceux qui ont triomphé, parce que nous voyons et nous pleurons ceux qui succombent, sans pouvoir leur offrir autre chose que nos fébriles compatissances. Qui de nous à pu lire sans se sentir la paupière humide, cette phrase fière où, dans la préface d'un bel ouvrage, MM. Roux et Buchez ont dit : *La maladie ou la faim peut nous surprendre, hâtons-nous de publier des pensées que nous croyons utiles à la science humaine ?* Qui n'a pas salué de loin ces nobles intelligences ? Qui ne leur a pas crié : - Vous vivrez ! Ne sera-ce pas ménager la fierté des hommes jeunes et déjà grands, que de faire accourir près d'eux la république entière pour les saluer, pour veiller, à leur début, pour consoler leur vieillesse, si le malheur voulait qu'ils trouvassent l'infortune au déclin de la vie ? Mais notre assemblée dût-elle se dissoudre après avoir fait cesser les maux de la contrefaçon, celui du timbre, et obtenu de nouvelles lois sur la propriété littéraire, elle aurait assez fait et pour le présent et pour l'avenir.

[Oui, la SGDL aurait pu se dissoudre... plutôt que de devenir ce qu'elle est devenue... Balzac en a d'ailleurs démissionné en 1841 mais sa démission fut rejetée. George Sand présenta trois démissions et en passa par le procès, qu'elle perdit... La SGDL est devenue un pouvoir peut-être un peu trop proche des autres pouvoirs...]

Nous attendrons quelques adhésions pour poursuivre une œuvre juste que nous n'abandonnerons jamais. Une réunion préparatoire sera nécessaire pour prendre quelques précautions d'ordre. En ces circonstances, flottera dans toutes les pensées un nom glorieux qui, pour nous, sera comme une étoile, un nom qui fera taire nos rivalités, un nom que je ne dirai pas, et qui sera sans doute une égide prise avidement par nous tous. Comme les marchands du moyen âge, qui laissaient leurs différends à la porte de leur *parlouère*, nous laisserons nos opinions, nos antipathies, nos vanités à la porte, pour ne nous occuper que de la chose publique, et peut-être ne reprendrons-nous pas toujours tout en sortant.

Nous ne finirons pas sans faire observer que ceci n'est ni un cri d'insurrection, ni un appel aux passions, mais un cri de misère, le cri d'une nation mise hors la loi, victime d'un déni de justice. Puisse ce cri trouver des échos, réveiller des sympathies, faire venger des injustices, ranimer les sentiments d'un patriotisme qui agonise ! Nous élevons la voix pour ceux qui veillent, pour ceux qui souffrent, pour ceux dont l'ambition est d'ajouter un denier au trésor de la langue. Nous demandons à fermer par un mot les horribles chemins du gouffre où tombent les plus belles volontés, où se perdent de grandes pensées, des sciences. Nous ne demandons ni secours ni protection, nous ne tendons pas la main ; nous supplions de rendre la pensée égale au ballot ; nous ne menaçons pas, nous supplions qu'on ne nous dépouille plus. En ce moment, la France perd quinze millions avec l'Europe. Si vous nous laissez faire, nous les lui ferons gagner. Nous demandons quelques heures aux députés du pays pour y perpétuer les talents. L'Italie, messieurs les faiseurs de lois, doit à ses beaux génies de recevoir les deux tiers des guinées qui sortent de l'Angleterre. Protégez donc les arts et la langue, car quand vos intérêts matériels n'existeront plus, vous vivrez par nos pensées qui seront debout, et qui, si le pays pouvait disparaître, diraient : - Là fut la France !

De Balzac

Abel Clarté, au nom du père du nom auto-édition ?

Le créateur de l'*Association des Auteurs Autoédités*, qui semble s'être marginalisée au point de ne plus apparaître sur Internet mais ne pas avoir été dissoute, sa dernière actualité officielle consistant en une modification du siège social le 28 mars 2003 (JO du 10 mai 2003). Elle revendiqua jusqu'à 500 membres.

« C'est sous le coup d'une colère que j'ai, dès 1974, lancé un Appel dont l'écho fut une avalanche. Tout provient du prétexte invoqué dans la lettre par laquelle Simone Gallimard refusa mes Souvenirs. "Je m'en souviendrai de cette planète (1904-1939)" parut peu après à l'édition du Vivarais, obtenant un Prix du Conseil Général. Mais désormais la bombe était lancée : l'Association est prospère et les Auteurs Autoédités n'ont plus aucune honte à proclamer ce que tant d'autres occultent. beaucoup parmi nous ont des contrats normaux pour ce qui, dans leur œuvre, entre dans les collections de vrais éditeurs, mais éditent eux-même les textes pour lesquels ils ont une particulière prédilection ou une impatience. Après tout c'est par délégation des auteurs que les éditeurs éditent. Ni Vauban pour sa Dîme royale, ni Restif de la Bretonne pour son œuvre où beaucoup d'écrivains ultérieurs ont plus ou moins puisé, ni Gustave Eiffel - pour n'en citer que trois - n'ont eu recours aux "Gastons" de Paris »
Dans une brochure sur le dixième anniversaire de l'Association.

Abel Clarté est mort le 25 mai 1996. Il était né le 1er avril 1904 en Ardèche, à Privas.
L'Association des Auteurs Autoédités, créée en 1975, déconseillait "naturellement" le compte d'auteur et

fournissait les informations nécessaires aux néophytes pour s'auto-éditer.

Abel Clarté avait publié son premier livre en 1932 : "ouvrage édité aux frais de l'auteur" PSYCHE, suivi de ECLATS en 1935, LES DERNIERS JOURS DE NANCEY en 1936...

En 1945, son roman RACE était publié "aux frais de l'éditeur (à compte d'éditeur) par "*Ed. Bière*" mais il lui faudrait attendre 1965 pour "retrouver un éditeur", en l'occurrence *La Table Ronde* pour "Le Vrai Drame De L'ecole De France."

Je m'en souviendrai de cette planète..., qui obtint en 1982 un prix du conseil général de l'Ardèche, fut publié "aux frais partagés Auteur Editeur."

Dans la même brochure il était noté : "*Abel CLARTE, a créé l'expression AUTEURS-AUTOEDITES. Il a banalisé le mot AUTOEDITION à partir de 1974. Il l'a probablement inauguré aussi.*"

Il serait intéressant que l'audience de ce manifeste permette de retrouver la première occurrence du terme, avec ou sans accent, avec ou sans tiret !

V

La distribution des livres numériques

C'est un point fondamental : les éditeurs réussiront-ils à contrôler les sites de ventes en s'imposant comme barrière infranchissable, comme e-distributeurs, ou les écrivains indépendants y accéderont-ils ?

- La distribution des livres numériques, présentation générale

- Numilog et Lagardère sont dans un bateau...

- La edistribution en 2012

La distribution des livres numériques, présentation générale

L'ambition existe toujours de "*réunir les acteurs de l'édition et de la distribution du livre pour aboutir à un regroupement de la distribution française du livre numérique autour d'une plate-forme unique.*"
Les acteurs de la chaîne du livre à l'ère du numérique - Les auteurs et les éditeurs, Note d'analyse gouvernementale 270 - Mars 2012
http://www.strategie.gouv.fr/system/files/2012-03-19-livrenumerique-auteurs-editeurs-na270_0.pdf

Le changement de majorité ayant permis une continuité de l'approche de la relation de l'Etat à l'édition, cette note représente toujours une orientation.

Antoine Gallimard, invité du *Buzz Média Orange Le Figaro*, le 22 novembre 2009, aborda ce sujet. Le compte rendu sur le site du Figaro note :
« *Au sujet des trois plateformes d'e-distribution créées par des éditeurs* [ce qui n'était pas totalement exact, Numilog ayant alors été racheté par Hachette en 2008] : *Eden (Gallimard), Numilog, et eEditis. Le gouvernement veut qu'il n'y ait qu'une seule plateforme. On essaie de se regrouper. Qu'il y ait au moins une interopérabilité entre les plateformes et qu'il y ait une vitrine unique pour les libraires et les lecteurs* ».
http://www.lefigaro.fr/medias/2009/11/22/04002-20091122ARTFIG00057-le-livre-numerique-est-un-livre-a-part-entiere-.php

Après avoir acheté la société Numilog en 2008, avec l'ambition d'en faire la plateforme unique d'edistribution en France, Lagardère l'a revendue à son créateur début

2012... mais l'ambition d'une plateforme unique existe toujours...

Une seule plateforme... naturellement contrôlée par les éditeurs du SNE, qui ponctionneraient discrètement la plus grande partie des bénéfices, et les éditeurs indépendants seraient priés de payer très cher pour être distribués, seraient ainsi éjectés des plateformes de vente... voilà ce que souhaitent certains. Heureusement, pour leur montrer que c'est impossible, Amazon ouvre sa plateforme aux écrivains sans intermédiaire. Bloquer la distribution des indépendant ferait le jeu d'Amazon... d'où la guerre qui semble être menée contre le vilain coupable d'empêcher d'exploiter les écrivains !
Utiliser la plateforme d'autopublication d'Amazon offre une grande facilité, mais c'est se priver des autres points de vente. La question essentielle est donc : autopublication Amazon (Kindle Direct Publishing) ou edistribution ? C'est à chacun, dans sa propre démarche, d'y répondre. J'ai choisi une edistribution pour essayer d'être présent partout où l'ebook se vend.

Mes livres sont distribués par Immateriel. J'espère que la jeune société aura la force de résister. C'est d'ailleurs sa grande force que d'être vraiment edistributeur : elle distribue partout où il lui est possible... elle n'est pas là pour contrôler les éditeurs ni l'édition française mais pour effectuer un travail de flux d'informations, de fichiers, d'argent. La France doit sortir de ce système où des éditeurs contrôlent les ventes en contrôlant la distribution.

La société Numilog fut créée en avril 2000 par Denis Zwirn : une librairie en ligne mais surtout un prestataire de services B to B : fabrication et diffusion de livres numériques.

En 2008, Hachette Livre a compris l'utilité de cette compétence. Il est parvenu à un accord avec Denis Zwirn, resté à son poste.

Je n'ai trouvé aucune déclaration sur les conséquences pour son approche de ce métier, de la « logique de groupe » dans laquelle il est forcément entré.

Dans *Le Figaro* du 6 mai, Arnaud Nourry commente : « *Il s'agit de préparer l'avenir. Le projet de rachat de 100 % du capital de Numilog ne constitue pas une grosse opération financière. Elle ne se monte qu'à quelques millions d'euros. Mais cette acquisition marque une étape majeure dans notre stratégie numérique. Avec Numilog, notre groupe va se doter d'une infrastructure permettant de distribuer des livres édités par le groupe, ainsi que par des éditeurs extérieurs, en formats numériques en permettant à chacun de conserver le contrôle de ses contenus. La société a vocation à offrir ses services à tous les éditeurs du marché à l'image du système de distribution des livres sous forme papier existant de longue date au sein de Hachette Livre.* »

Phrase fondamentale pour comprendre la distribution souhaitée, le vieux souhait d'un tuyau d'entrée unique : *"La société a vocation à offrir ses services à tous les éditeurs du marché à l'image du système de distribution des livres sous forme papier existant de longue date au sein de Hachette Livre."*

Question intéressante du Figaro. Oui c'est possible !

- Quel est l'intérêt pour Numilog et son fondateur, Denis Zwirn, de s'adosser à Hachette Livre ?

Arnaud Nourry : - « *Numilog est le premier agrégateur de livres numériques francophones et la principale plate-forme de distribution en France, avec une offre de 43 000 titres dans tous les formats, dont une majorité d'édition professionnelle. Le livre numérique compte deux autres concurrents dans l'Hexagone, Mobipocket, filiale d'Amazon, et Cyberlibris. Le marché a été plus lent à se développer que ne l'imaginaient les fondateurs de Numilog en mars 2000. Le téléchargement de livres ne représente pas encore grand-chose.* »

Nous pouvons donc concevoir que monsieur Denis Zwirn fut contraint de vendre faute de liquidités ? Peut-être croyait-il aux chiffres de nouveau balancés par monsieur Nourry « *D'ici à cinq ans, il pourrait peser entre 1 % et 5 % du marché de l'édition grand public.* »

Je me demande même si ces déclarations guère optimistes ne visaient pas à acquérir « facilement » Numilog. Vraiment l'esprit mal tourné ?

Hachette aurait pu « *se doter d'une infrastructure* » en la créant. Il n'était pas trop tard et la question utile aurait été « pourquoi avoir racheté Numilog plutôt que de créer cette compétence en interne ? » Acheter Numilog, c'était acheter LE distributeur numérique français, supprimer un concurrent. Le grand objectif semble bien avoir été d'en faire l'unique plateforme d'edistribution afin de contrôler le marché et gagner « un peu » sur tout ebook français. Ah si « tous les éditeurs » avaient en eux quelque chose de Lagardère ! Et c'est donc cette perspective qui fut même appuyée en 2009 par le gouvernement Fillon... (si l'on en croit monsieur Gallimard)

Il est à noter qu'à la même époque, Xavier Cazin et Julien Boulnois créaient *Immateriel* avec quelques milliers d'euros... Immateriel devenu l'alternative à Numilog... La nature Internet aussi a horreur du vide. Supprimez un espace du possible et il s'en recrée un ailleurs. Parfois même mieux.

Mais le 16 avril 2012, communiqué de presse : Hachette Livre cède Numilog à Denis Zwirn. *« Face à l'évolution du marché du livre numérique en France et pour lui permettre de prendre une place éminente au cœur des outils interprofessionnels, Hachette Livre a décidé de rétrocéder Numilog à Denis Zwirn, son fondateur et Directeur Général.*

Numilog, qui demeure un partenaire privilégié de Hachette Livre sur le marché du livre numérique, va désormais pouvoir offrir ses services (distribution de fichiers numériques, vente directe ou indirecte de livres numériques, création et administration des sites de libraires et GSS en marque blanche) à tous les acteurs de la chaîne du livre. »

Il semble qu'avec les gros vendeurs, Amazon et Itunes, Hachette Livre passe en distribution directe et qu'elle confie à Numilog la edistribution vers les points de ventes "mineures."

Arnaud Nourry eut droit à sa petite phrase dans le communiqué :
« Je souhaite que Numilog puisse apporter tout son savoir faire et sa technologie aux projets interprofessionnels importants qui voient le jour, au premier rang desquels la numérisation et la mise à disposition des œuvres indisponibles du XXe siècle. »

Quant à Denis Zwirn : « *L'expérience au sein du groupe Hachette Livre fut très enrichissante pour Numilog. Pionnier du livre numérique en France, nous tournons aujourd'hui une nouvelle page de notre histoire. Cette autonomie offre à Numilog de nouvelles perspectives de croissance en lui permettant d'offrir ses services à toujours plus d'acteurs de la chaine du livre, éditeurs ou libraires.* »

Deux edistributeurs sont également libraires. En septembre 2012, *Numilog* communique toujours sur "plus 50 000 livres numériques" (1) et Immateriel arrive à 40 000 réponses dans "Tout le catalogue."

1) <meta id="ctl01_head_MetaDescription" content="la librairie en ligne de référence, plus de 50 000 livres numériques (eBooks) en PDF, ePub, WMA et MP3, à télécharger sur ordinateurs, eReaders, tablettes et smartphones" name="description">

Il existe deux autres edistributeurs disons "ouverts" : *Eden-Livre* développé par Gallimard, Flammarion, La Martinière, Le Seuil et *e-Editis* d'Editis... mais ils semblent inaccessibles aux indépendants. Et la solution interne Hachette.

Quelle est la politique de *Numilog* désormais redevenu indépendant du groupe Hachette ? Aucun élément ne permet de noter une réelle ouverture aux auteurs-éditeurs. Les indépendants, en 2011 étaient priés de passer par *jepublie.com*, qui facture une edistribution avec un forfait plus 50 % de marge sur les ventes ! Tout ceci au nom de l'auto-édition !
*("L'autoédition permet d'**éditer son livre** et de l'**imprimer** simplement à moindre coût en conservant vos droits d'auteur. **JePublie** vous accompagne dans la réalisation de votre projet éditorial par un suivi personnalisé afin que votre livre soit de qualité professionnelle."* Sur leur page d'accueil)

Un forfait salé ! Le forfait "Tout numérique" à 450 euros (pour 450 euros vous avez : finalisation de la mise en forme (à partir de votre fichier texte préparé), réalisation d'une couverture standard, adaptation et conversion aux formats de lecture numérique PDF et ePub, distribution numérique à partir de www.numilog.com)

Je doute fortement que l'auto-édition ait besoin de tels intermédiaires. Qui plus est l'auto-édition numérique.
Comme j'ai écrit « ne payez jamais un éditeur », j'ajoute « ne payez jamais une aide à l'auto-édition. »

Immateriel.fr sera donc « sûrement » très sollicité par les indépendants ! Ses conditions m'apparaissent décentes : 35% de commission de distributeur (comprenant la remise accordée aux revendeurs) dans « le cas général », portés à 40% pour iTune, FNAC et Amazon, enseignes qui exigent 30% de remise. Naturellement sur le prix HT. Kobo a suivi ce modèle.

VI

Le manifeste de l'auto-édition

L'évolution probable de ce texte

Ce manifeste, je l'ai rédigé seul. Naturellement, il est le fruit de vingt années d'expériences, donc de nombreux échanges.

Début octobre 2012, il sera public. La diversité des parcours peut lui permettre une sensible amélioration. Il reste ouvert.

Le site http://www.auto-edition.pro est là à cet effet, pour les idées et l'organisation du contre-pouvoir des indépendants.

La version 2 sera donc publiée dès que nécessaire. Réagissez ! Proposez ! Agissez ! Avancez !

Version 2... aucune réelle analyse globale de l'édition chez l'immense majorité des néo-auteurs-autoéditeurs, qui balancent sur les plateformes le plus souvent sans comprendre (sans lire parfois) les conditions générales et donc leurs obligations légales. Ce manifeste est donc sûrement destiné à une minorité, les quelques auteurs dans une réelle démarche littéraire, en voie de professionnalisation. Les autres font un petit tour et en même temps continuent d'espérer être retenus par « un grand éditeur. » L'indépendance voulue et souhaitée est rare. Le moteur semble plus l'orgueil que l'œuvre, l'orgueil d'appartenir à un milieu "fermé", pouvoir écrire « j'ai été retenu(e) » ; on subit même l'outrecuidance de faceboukeurs/euses en quête d'un éditeur...

Le manifeste de l'auto-édition

L'auto-édition fut l'avenir de l'édition. Et comme le déclara François Hollande en 2012 : le changement c'est maintenant.
Auto-édition : éditer soi-même. Pas forcément autodistribuer ni autodiffuser.
L'auto-édition doit prendre une place prépondérante dans la filière livres métamorphosée par la révolution numérique, le défi compris et soutenu par Amazon.
La société américaine a parfaitement résumé, par Russell Grandinetti, l'un de ses responsables, la nouvelle donne : « *les seules personnes nécessaires dans l'édition sont maintenant le lecteur et l'écrivain* » (le New York Times du 16 octobre 2011). Elle se place ainsi en facilitateur entre l'auteur et son lectorat.

Le manifeste : un programme, qui assume la nécessaire confrontation avec les installés, leur système inacceptable pour certains, accepté faute de mieux et par facilité par l'immense majorité, cette majorité silencieuse qui prendra le train quand il foncera sur de bons rails. Le manifeste : un pari sur un avenir que les installés souhaitent contrôler comme ils verrouillent l'édition papier.

Un manifeste car pour la première fois dans l'Histoire, il existe une véritable possibilité pour vraiment vivre de ses livres sans se soumettre aux intermédiaires : l'auto-édition versant numérique.
Depuis 20 ans, je vivote, je grappille un peu de revenus ailleurs, pour tenir.
En 1991, ma première publication, je suis arrivé dans un

contexte bouché où seuls les salons du livre des petites villes ou villages permettaient de vendre quelques centaines de bouquins, se créer un petit lectorat parfois fidèle (achetant ensuite par correspondance).

J'avais adhéré à l'association des auteurs autoédités créée en 1975 par Abel Clarté. D'abord pour obtenir les formalités de l'indépendance. Je l'ai rapidement quittée, n'y trouvant pas l'esprit de professionnalisme recherché ; j'étais jeune, je pensais pouvoir faire rapidement bouger les choses autrement...

Je suis arrivé dans un système cadenassé et ne suis pas parvenu, même avec http://www.auto-edition.com (dès l'an 2000), à créer un mouvement, une dynamique, qui aurait pu obtenir une visibilité médiatique, un poids dans les décisions politiques. J'ai regardé passer les lois, ne pouvant que bougonner dans mon coin. Nous nous indignâmes souvent, entre auteurs, même avant les apéritifs.

Les éditeurs classiques ont obtenu, durant cette période, de nombreuses lois, des ponts d'or, d'où l'auteur-éditeur, sans état d'âme des parlementaires, fut écarté (copie privée, droit de prêt en bibliothèque, livres indisponibles du vingtième siècle).

Ecrire le manifeste de l'auto-édition avant octobre 2011, avant la commercialisation du Kindle en France, n'aurait été qu'un coup d'épée dans l'eau : aucune solution technique pour montrer par l'exemple la possibilité de vivre décemment de sa plume en auto-édition, dans notre pays. Nos vies ont également valeur d'exemples. L'utopie est nécessaire mais appliquer ses idées devient un jour indispensable. Nous sommes tous des amazoniens, aujourd'hui ! Amazon est devenu le premier espace de vente des ebooks, car il l'a souhaité, car il a ouvert l'édition quand le système des installés se complaisait dans un microcosme de clans. *Alapage*, plutôt qu'être "fermé" par *rue du commerce*, aurait pu se placer sur le créneau de l'ebook, encore un échec français, comme le fut *voila* face à *google*, pour la même raison : regarder l'avenir les yeux fixés sur le passé. Un nouveau modèle économique, réaliste, crédible, existe désormais pour l'auto-édition : vendre 500 ebooks par mois, à tarif décent (moins de cinq euros), permet un revenu de smicard, ce qui n'est déjà pas mal pour un écrivain ! Vendre quelques livres en papier en plus, permettra de mettre un peu de vin sur nos tables !

Kindle, Ipad, Kobo by Fnac, les readers de Sony, les liseuses du français Bookeen, bientôt le Nook de Barnes and Noble, les appareils se vendent et les discours d'Aurélie Filippetti, Antoine Gallimard et leurs épigones ne pourront stopper la démocratisation de ces petites machines tellement pratiques !

L'accès aux sites de ventes est ouvert aux écrivains indépendants alors que les librairies, que tout bon citoyen devrait soutenir, ont accepté de fonctionner durant des décennies avec les seuls livres de l'édition industrielle et leurs puissants distributeurs (naturellement, les libraires acceptaient le plus souvent les auteurs régionaux quand grâce à l'article du quotidien local ils réalisaient un chiffre d'affaires facile en quelques jours). Une véritable distribution doit permettre une présence sur la quasi totalité des points de vente, que ce soit en papier ou en numérique.

L'auto-édition connaît une croissance exponentielle aux Etats-Unis. Donc dans quelques jours ici ! Ce qui fut considéré comme une "utopie" va s'imposer. Malgré le lobbying et le pouvoir des installés, qui retarderont le plus possible l'inéluctable, essayeront de prendre le plus possible de positions dominantes dans ce *nouveau marché*, verrouilleront le plus possible l'avenir des écrivains sous contrat (combien d'écrivains ont déjà signé pour leurs cinquante prochaines œuvres ?), consommeront de la subvention, nous feront perdre du temps. Ce qui peut retarder la marche de l'Histoire au point qu'une génération ne puisse vraiment en profiter...

Les écrivains doivent agir, exiger des politiques qui se gargarisent du mot "justice" qu'ils passent aux actes, suppriment de l'arsenal législatif les passages anti-auto-édition, y inscrivent l'obligatoire libre et juste concurrence entre les différentes formes d'édition. Pourquoi les éditeurs du SNE devraient conserver un monopole quand même celui de France Telecom est tombé sous un gouvernement socialiste ?

Toute clause discriminatoire envers les écrivains indépendants doit disparaître des lois et règlements divers. Il convient donc, une nouvelle fois, d'amender le code de la propriété intellectuelle ! Où figure l'exclusion des indépendants, par exemple l'article L133-1 au sujet du droit de prêt en bibliothèque. Mais les auteurs-éditeurs doivent également obtenir une part du gros gâteau de la répartition des droits "livres" pour la copie privée. Quant à la loi sur les "livres indisponibles du vingtième siècle" sa refonte totale s'impose : non plus accorder les droits numériques le plus facilement possible aux éditeurs traditionnels mais inciter les écrivains (ou ayants droit) à les utiliser (ce qui en plus représente une énorme économie pour l'état) et leur permettre de récupérer les droits papier sans formalité, dès qu'aucun droit d'auteur n'est versé durant deux années.

L'exclusion des aides, bourses et avantages divers au motif d'auto-édition doit devenir illégale. Exemple le *"l'auteur doit avoir publié au moins un livre à compte d'éditeur (sous forme imprimée)"* du Centre Régional des Lettres de la Région Midi-Pyrénées dans les *critères d'attribution des bourses d'écriture.*

Pour la distribution des livres en papier, le système actuel peut-il permettre aux écrivains indépendants de figurer sur les tables des libraires, tables qui ne sont déjà pas assez grandes pour exposer correctement et durablement l'ensemble de la production des installés ? (plus de 6000 livres publiés rien que chez Hachette chaque année, sur un total dépassant désormais 70 000 au dépôt légal)
Même s'ils ne sont pas présents, qu'ils figurent parmi les œuvres en commande possible : toute base professionnelle (Electre est naturellement la cible, ce répertoire refusant les auto-édités), devra référencer tout livre possédant un numéro d'ISBN.
Seul Amazon semble avoir la volonté de vendre le livre auto-édité (même en papier) comme son homologue sorti des éditeurs distribués (via Createspace). Hachette a également développé une solution d'impression à la demande, avec entrée dans le même circuit que les livres disponibles sur sa plateforme de distribution. Cette solution est ouverte, proposée, dixit Arnaud Nourry, à l'ensemble de ses confrères. La loi peut exiger que tout

opérateur fournissant un service d'impression à la demande, permette à l'ensemble des éditeurs de s'y connecter sans droits d'entrée, avec une marge « conformes aux usages de la profession », donc non confiscatoire. L'auteur-éditeur étant juridiquement un éditeur, il pourrait ainsi proposer ses livres en impression à la demande à l'ensemble des points de vente (techniquement très facile : un PDF imprimeur suffit pour l'impression numérique donc l'ajout des livres auto-édités dans ce circuit ne représente aucune charge réelle autre que la fourniture d'un code d'accès et la conservation sur support numérique d'un fichier de quelques mégas ; le fonctionnement avec une marge sur les ventes est donc économiquement justifié, sans droit d'entrée, cette technique qui exclut les vrais indépendants). Cette version 2 du manifeste existe ainsi en papier.

Il s'agit d'obtenir une reconnaissance réelle du statut d'auteur-éditeur (profession libérale actuellement assujettie... comme une profession libérale mais inexistante pour les élus auxquels nous avons donné un pouvoir de subventionner aboutissant à une concurrence déloyale quand il est utilisé uniquement pour une partie des professionnels d'un secteur ; des auteurs-éditeurs peuvent avoir opté pour le statut d'auto-entrepreneur). Le statut d'auteur-éditeur doit ouvrir aux mêmes droits que celui d'un éditeur signant des contrats d'édition.

Partout où il est question d'écrivains, il ne doit plus être possible de refuser l'indépendant au motif de son statut. Seule une évaluation objective de l'œuvre peut lui être opposée... ce qui se pratique déjà pour les subventions, bourses et autres aides attribuées aux écrivains inféodés des éditeurs membres du SNE. Non ? D'autres critères prédominent ? Tels le copinage, les relations, la carte politique ?

Nous demandons la justice là où règnent le système, le clan, l'opacité, le partage entre inféodés.

Balzac, dans sa lettre adressée aux écrivains français du XIXe siècle, notait « ...*Ah ! si notre voix pouvait être entendue... Messieurs, nous avons attaqué une question qui touche à bien des intérêts, qui peut froisser des amours-propres...* »

Certains prétendront que ses justes exigences n'avaient rien de commun avec les nôtres. Ils se trompent. L'auteur affronte son siècle.

Certains acceptent le pouvoir des installés, d'autres essayent de combattre les injustices, informent pour essayer de faire changer les lois.

Comme Balzac lança la nécessité pour les écrivains de s'organiser en "société" (ce qui donna naissance à la société des gens de lettres, sur laquelle deux siècles plus tard nous ne pouvons pas compter, sauf à ce qu'elle se retourne)...

« *Ce mot société est une transition naturelle pour arriver aux*
moyens de défense que nous croyons avoir trouvés ; et qu'il est urgent d'employer contre les oppressions légales, contre les oppressions de l'étranger, contre les oppressions intimes que nous signalons. »

Il devient nécessaire pour les écrivains indépendants de

s'organiser. Contre les oppressions légales, commerciales, franco-françaises.

« *Non, le gouvernement ne fera rien* » constatait réaliste, celui qui n'avait pas encore écrit les *Illusions perdues*. Non, ce gouvernement, comme le précédent, comme le suivant, ne fera rien avant que nous représentions un réel poids.

« *Non, le gouvernement ne fera rien. Le gouvernement actuel, fils de la presse, est heureux de cet état de choses, et le prolongera s'il le peut : son inertie en est la preuve* » expliquait Balzac.
Il en concluait : « *notre salut est en nous-mêmes.* » *Ecrivains réveillez-vous*, j'ai lancé mi 2012. Pour l'instant sans effet.

Il me semble donc du plus haut intérêt que nous, écrivains indépendants, malgré notre diversité, nos nombreux désaccords, nous nous assemblions, que nous formions une société, comme les éditeurs et les libraires ont formé la leur. Un syndicat si vous le préférez.

Et je conclurai comme ce cher Honoré : "*L'auteur de cette lettre connaît assez le monde pour ne pas avoir la prétention de vous imposer ses idées, mais de vous les exposer, afin qu'elles en fassent naître de meilleures.*"

http://www.auto-edition.pro tente dès ce jour de mettre en relation les bonnes volontés pour la création de cette société, ce syndicat...

En 2012, de nombreux doutes ont failli me retenir de lancer cette possibilité… en 2013, la voie syndicale m'apparaît quasi improbable mais la porte reste ouverte. Un projet me fut présenté, avec des frais d'inscription de 365 euros et une année de cotisation à 265 euros ! Montants disproportionnés avec la réalité économique des auteurs-éditeurs...

Cotisation à un taux de 0,033 % du chiffre d'affaire annuel mais avec un minimum de 265 euros, ce qui correspond à 800 000 euros de CA à ce taux !... Quant aux frais d'inscription, même le SNE ne les pratique pas... Il suffirait, à ce rythme, de quelques membres pour payer un salarié à plein temps ! En même temps, comme mon interlocuteur, mes espoirs d'un mouvement de masse sont limités... J'observe donc...

Stéphane Ternoise… un peu plus d'informations

Né en 1968

http://www.ecrivain.pro essaye d'être complet, avec un "blog" (je préfère l'expression "une partie des chroniques"). Mais il ne peut naturellement pas copier coller l'ensemble des textes présentés ailleurs.

http://www.romancier.net

http://www.dramaturge.net

http://www.essayiste.net

http://www.lotois.fr

Les noms de ces sites me semblent explicites…
Le graphisme reste rudimentaire. Tant de choses à faire…

http://www.salondulivre.net le prix littéraire a lancé sa onzième édition. Une réussite d'indépendance. Mais peu visible…

L'ensemble des livres numériques ont vocation à devenir disponibles en papier et réciproquement. Il convient donc de parler de livre au sens fondamental du terme : le contenu, l'œuvre. En juillet 2013, le catalogue numérique de Stéphane Ternoise dépasse la barre naguère inimaginable de la centaine. Il est constitué de romans, pièces de théâtre, essais mais également de photos, qu'elles soient d'art (notion vague) ou documentaires (présentation de lieux, Cahors, Cajarc, Montcuq, Beauregard, Golfech…), publications pour lesquelles l'investissement en papier est impossible, sauf à recourir à l'impression à la demande.

Table

Comme Balzac 1834, Stéphane Ternoise s'adresse à ses contemporains, aux écrivains, aux politiques, aux lectrices et lecteurs.

Comme Balzac dans sa "*lettre aux écrivains français*", l'auteur lotois dénonce et propose la création d'une société (ou un syndicat).

Il s'agit désormais de structurer l'auto-édition pour qu'elle prenne une place prépondérante dans l'édition française, grâce à la révolution numérique.

La couverture

La couverture est une création de l'auteur, régulièrement décrié pour son manque d'attention aux couvertures.

Cette fois, sur un décor de toiles d'araignées se sont greffés un kindle contenant cet ebook et un tableau attribué à José de RIBERA (1591-1652), "Saint Hérôme lisant", visible au musée Ingres de Montauban (le même Ingres dont parle Balzac dans sa lettre).

Mentions légales

Tous droits de traduction, de reproduction, d'utilisation, d'interprétation et d'adaptation réservés pour tous pays, pour toutes planètes, pour tous univers.

Site officiel : http://www.ecrivain.pro

Présentation des livres essentiels :
http://www.utopie.pro

ISBN 978-2-36541-430-3
EAN 9782365414302

Le manifeste de l'auto-édition - Manifeste politico-littéraire pour la reconnaissance des écrivains indépendants et une saine concurrence entre les différentes formes d'édition de Stéphane Ternoise
© Jean-Luc PETIT - BP 17 - 46800 Montcuq

Dépôt légal à la publication au format ebook du 6 octobre .

6 octobre 2012 révision 2 octobre 2013.

Imprimé par CreateSpace, An Amazon.com Company pour le compte de l'auteur-éditeur indépendant.
livrepapier.com

www.ingramcontent.com/pod-product-compliance
Lightning Source LLC
Chambersburg PA
CBHW071225260626
47162CB00004B/1430